GUIDE DE VICHY
PUBLIÉ PAR LE SYNDICAT D'INITIATIVE

BANQUES
BAZARS
CHEMISERIE

BANQUE
SOCIÉTÉ GÉNÉRALE

Pour favoriser le développement du Commerce et de l'Industrie en France

Société Anonyme, Capital : **500 Millions de Francs**

SIÈGE SOCIAL :
54-56, Rue de Provence ✛ **PARIS (IXe)**

AGENCE de VICHY

PLACE VICTOR-HUGO, Sur le Parc

Bureaux à : CUSSET, LA PALISSE, VARENNES, RANDAN

Lettres de Crédit — Change de Monnaies

COFFRES-FORTS

BOURSE — COUPONS

INTERPRÈTES

SALON POUR LES ÉTRANGERS

CRÉDIT LYONNAIS

FONDÉ EN 1863

SOCIÉTÉ ANONYME

Capital entièrement versé : **Deux Cent Cinquante Millions**

Siège social à **LYON** — *Siège central à* **PARIS**

AGENCE DE VICHY

Place Victor-Hugo (En face le Parc)

Paiements sur Lettres de Crédits et de Billets circulaires

Achat de Monnaies et de Billets étrangers

SERVICE SPÉCIAL DE LOCATION DE COMPARTIMENTS
DE COFFRES-FORTS — AU MOIS ET A L'ANNÉE

Salon pour MM. les Etrangers et Baigneurs
avec **CAISSE SPÉCIALE**
pour toutes leurs opérations

SALLE DE DÉPÊCHES — SALLE DE DÉPÊCHES

Visitez pour vos Achats

TÉLÉPHONE 8-27   Le GRAND BAZAR

A la MÉNAGÈRE

BONNETERIE

35, Rue de Paris • VICHY

Les plus **VASTES MAGASINS** de la Région

On y trouve de tout : **Spécialités de Saison**

*Articles de Voyage — Maroquinerie
Parfumerie — Souvenirs de Vichy
Papeterie — Jouets et Articles de Sports
Chaussures - Cannes et Parapluies, etc.*

ENTRÉE ABSOLUMENT LIBRE — PRIX FIXE

AU PIGEON VOYAGEUR

VICHY — 14, Rue Lucas, 14 — VICHY
(Près la Pharmacie Saget)

**MAISON SPÉCIALE DE BEAUX JOUETS
JEUX DE SOCIÉTÉ — JEUX DE SPORT**

Expéditions pour tous pays, franco d'emballage

Chemises "REINE" MAISON FONDÉE EN 1890

Aux 100.000 Chemises

VICHY - 16, Rue Sornin - VICHY

Succursale : **Rue Neuve, 13** — **CLERMONT-FERRAND**

BIJOUTERIE ✦ JOAILLERIE
HORLOGERIE, OBJETS d'ART

Maison de Confiance (Ouverte toute l'année)

Henri ROBIN, à VICHY

En face l'Entrée de la Poste (dans le Passage)

LE PLUS GRAND CHOIX
LE MEILLEUR MARCHÉ
LE MIEUX ASSORTI

Grand Choix de Bijoux d'Occasion

VENTE · ACHAT · ÉCHANGE

"A la Boule d'Argent"

184, Rue de Nîmes — VICHY

LA PLUS IMPORTANTE MAISON
DE

BONNETERIE — MERCERIE

LINGERIE — LAYETTES

& CHEMISERIE

Maison de confiance vendant à Prix Fixe

Cordonnerie du " HIGH LIFE "

"A la Botte rouge"

A l'angle de la Rue du Marché
et des Halles - VICHY

BIJOUTERIE
CHAUSSURES
COIFFEUR

Chaussures PINET et UNIC
Premières Marques Françaises et Américaines

Assortiment LE PLUS IMPORTANT DU CENTRE

Téléphone 1-87 — ENGLISH SPOKEN — Téléphone 1-87

COIFFEUR DE DAMES SEULEMENT

Grands Magasins de Cheveux
PARFUMERIE DE TOUTES MARQUES
AUX PRIX DES MAGASINS DE PARIS

ANDRÉ, Professeur Diplômé - VICHY
(SOUS LES GALERIES)

Maison de Postiches la plus importante de la Région

LOTION PRÉPARÉE SPÉCIALEMENT POUR CHAQUE GENRE
D'AFFECTION. — M. ANDRÉ SE TIENT A LA DISPOSITION DE
SES CLIENTES & SOIGNE CHAQUE CAS PARTICULIÈREMENT

On traite également par correspondance
après détails fournis par la Personne

RÉPUTATION INDÉNIABLE — NOMBREUSES ATTESTATIONS

SHAMPOOING — ONDULATIONS — TEINTURE
PRODUITS DE BEAUTÉ — MANUCURE — **CONFORT MODERNE**

Ancienne Maison SIMONET

Confiserie Thermale

HOTEL DES BAINS (En face la Source de la Grande Grille)

Maison de confiance ouverte toute l'année

Expéditions pour la France et l'Etranger : la Maison répond des envois

---

VICHY AU GÉNIE DES EAUX VICHY

CONFISERIE SPÉCIALE FONDÉE EN 1878

1° *Fabrique et Magasin* : 18, Rue de la Source de l'Hôpital, 18.
2° *Succursale* : Rue du Casino, derrière le Casino.

VRAIES SPÉCIALITÉS AUX FRUITS NATURELS DE VICHY
LES PLUS HAUTES RÉCOMPENSES AUX EXPOSITIONS
DÉGUSTATION GRATUITE DANS NOS MAGASINS

Téléphone n° 4-39. — Expéditions toute l'année pour la France et l'Etranger. — Emballage soigné, neuf et franco.

Au Fidèle Berger

VICHY

Grande Fabrique de Chocolats surfins

SUCRE D'ORGE

PRALINES aux FRUITS

FRUITS CONFITS
PREMIER CHOIX

MAISON OUVERTE TOUTE L'ANNÉE
Se RECOMMANDE par la FINESSE de ses PRODUITS

DEMANDER LE CATALOGUE GÉNÉRAL   ⸺   Téléphone N° 12

Spécialité des Bonbons de Vichy

Confiserie DOLLET FILS

SUR LE PARC, A L'ENTRÉE DU CASINO DES FLEURS

Rue Cunin-Gridaine, **VICHY**

Maison recommandée par ses Produits supérieurs et naturels
EXPÉDITIONS POUR TOUS PAYS — OUVERT TOUTE L'ANNÉE

LE PLUS AGRÉABLE SOUVENIR DE VICHY EST UN BEL OBJET
garni d'une des Spécialités de la **GRANDE CONFISERIE HYGIÉNIQUE**

DOLLET-RANDIER

PLACE D'ALLIER, à VICHY

(A 300 mètres du Casino et de la Source de l'Hôpital)

Fabrique Elle-même tous ses Produits, tels que : **Sucre d'Orge, Fruits confits,
Pâtes d'Auvergne, Pastilles digestives de Vichy Chocolats surfins**, etc.

EXPÉDITIONS TOUTE L'ANNÉE POUR TOUS PAYS
La Maison **DOLLET-RANDIER** n'a aucune Succursale

Confiserie H. Martin

Ancienne Maison PRUNIÈRE

181, Rue de Nîmes — *(4 Chemins)*

Fabrique des Spécialités de Vichy
LA PLUS ANCIENNE DU PAYS
RÉPUTÉE POUR LA FINESSE ET LA
PRÉSENTATION ÉLÉGANTE DE SES PRODUITS

CONSTIPATION GUÉRIE par les
FRUCTINES-VICHY

Délicieux bonbons laxatifs aux sucs de Fruits

POUR RECEVOIR UNE PETITE BOITE-ÉCHANTILLON, DÉCOUPER
L'ANNONCE CI-DESSUS ET L'ADRESSER A LA SOCIÉTÉ DES
FRUCTINES-VICHY, 1, Rue Lafloque, 1
EN INDIQUANT TRÈS LISIBLEMENT SON NOM ET SON ADRESSE

LA
Coutellerie GUERRE

à LANGRES – PARIS, Rue Lafayette, 4

a, depuis 44 ans, une Maison de Vente à

VICHY
(DERRIÈRE LE CASINO)

Fondé en 1875 **CABINET DENTAIRE** Fondé en 1875
OUVERT TOUTE L'ANNÉE

STENER PÈRE ET FILS
CHIRURGIENS-DENTISTES
Diplômés de la Faculté de Médecine

PLACE DE LA SOURCE DE L'HOPITAL

PRODUITS DE RÉGIMES
Ch. HEUDEBERT

VICHY : Kiosque de la Laiterie de l'Etablissement Thermal
(DANS LE PARC).
PARIS : Faubourg Saint-Honoré, 120

SYNDICAT D'INITIATIVE de VICHY

Bureau de Renseignements : **11, Rue du Parc, 11**

ENTREPRISE GÉNÉRALE D'AUTOMOBILES
Vichy, Aix-les-Bains, Nice, Menton, Cap-Martin, Hyères

Agence principale des AUTOMOBILES

Delaunay Belleville

ÉTABLISSEMENTS J. ÉPINAT

GARAGE PALACE, 12 et 14, Rue de Ballore.
Téléphone 0.100
SPORTING GARAGE (Service des locations), Rue d'Italie.
Téléphone 1.77.
GARAGE du CATALPA, Place du Catalpa.
Téléphone 1.19.

COUTELLERIE
DENTISTES
RÉGIMES
GARAGES

TARIF

LANDAULETS, LIMOUSINES, PHAÉTONS	PRIX (aller et retour)	
	VOITURES 14 à 16 HP	VOITURES 20 à 30 HP
VICHY à CHARMEIL	16 fr.	20 fr.
— HAUTERIVE	16 »	20 »
— L'ARDOISIÈRE	28 »	32 »
— RANDAN	30 »	40 »
— BOURBON-BUSSET	40 »	50 »
— LAPALISSE	50 »	60 »
— THIERS	70 »	90 »
— CHATELGUYON	85 »	100 »
— CLERMONT-FERD-ROYAT	100 »	120 »
— AU PUY-DE-DOME	130 »	150 »

GARAGE DE PARIS

Man spricht Deutsch
Se vorbesce Romanesce — English spoken

L. GRIFFET
Directeurs - Propriétaires

Téléphone 0.40 **& F. LÉVÊQUE**

43-45, Bould National et rue Callou, 9   VICHY
(A côté des Grands Hôtels, des Parcs et des Sources)

LOCATION D'AUTOMOBILES
FOURNITURES — RÉPARATIONS

Stock MICHELIN — Agents de la Maison DELAHAYE

GRANDE LIBRAIRIE CÉSAR

— Maison Fondée en 1846 —
Près le Casino et la Source de l'Hôpital   VICHY

DESCHARRIÈRES, Succ^{eur}

Papeterie de Luxe. — Maroquinerie. — Ouvrages Médicinaux sur les Eaux de Vichy
Abonnement à la Lecture — Journaux Étrangers

English Spoken — Man Spricht Deutsch — Si parla Italiano
GUIDES JOANNE, CONTY, POL, BAEDECKER, etc., etc.

LIBRAIRIE LAYER
— Rue Sornin —
(Près le Casino des Fleurs)

ABONNEMENTS DE LECTURE
— GRAVURES ET ESTAMPES —

VENTE DE MAGAZINES	OUVRAGES DE MÉDECINE
ET TOUS OUVRAGES	PORTE-PLUME "ONOTO"
— Français et Etrangers —	— Idéal Waterman —

ARTICLES DE BUREAUX — PAPETERIE EN TOUS GENRES

Guides — Cartes Routières — Cartes à Jouer — Patiences

Entreprise Générale de l'Automobile et du Cycle

Elysée Garage
Réparations · Fournitures
Transformations · Etudes
Soudure Autogène
Charge d'Accumulateurs

LOUIS DEJOUX

2 ÉTABLISSEMENTS :
9, Avenue de la Gare et Place de l'Eglise
11 et 13, Rue de la Gare — **VICHY**

TÉLÉPHONE 2.08

LOCATION, VENTE, ÉCHANGE — *Agences* BERLIET & D. F. P.

Fondée en 1890 **AGENCE NOUVELLE** P. CÉCILLON
— Propriétaire —

L. JACQUET, Successeur, 5, Rue de Paris, 5

LOCATION DE VILLAS et d'APPARTEMENTS MEUBLÉS

VENTE D'IMMEUBLES ET PROPRIÉTÉS

— Renseignements gratuits pour MM. les Locataires et Acquéreurs —

ADRESSE TÉLÉGRAPHIQUE : AGENCE NOUVELLE-VICHY — Téléphone 0-24

**LIBRAIRIES
AGENCES
de LOCATION**

AGENCE BOUCULAT

Fondée en 1875   VICHY, 10, rue Burnol, VICHY   Fondée en 1875

VENTE ET LOCATION D'IMMEUBLES
Hôtels, Villas, Maisons, Terrains, Location de Magasins
VENTE DE FONDS DE COMMERCE
Spécialité de Location de Villas et Appartements

Adresse Télégraphique : Agence BOUCULAT-VICHY — Téléphone 1.70

Agence F^nd CHARDONNET

RUE SORNIN, 17 — VICHY

Renseignements gratuits pour location de
VILLAS et APPARTEMENTS
— MEUBLÉS OU NON MEUBLÉS —

LABORATOIRE MÉDICAL
15, Rue du Pont • Boulevard de Russie, 2

P. Victor LÉGER
CHIMISTE BIOLOGISTE
DOCTEUR EN PHARMACIE DE L'UNIVERSITÉ DE PARIS
EX-ÉLÈVE DE L'INSTITUT PASTEUR

Analyses d'urines, fèces. Chimismes gastriques. Examen du sang. Recherches bactériologiques. Réaction de Wassermann. Séro-diagnostic de la Fièvre de Malte, des affections typhiques et paratyphiques, etc.

-Opticien- **G. CHARTIER** -Opticien-
Spécialiste Spécialiste

Angle des Rues Lucas & Montaret
EN FACE L'HOPITAL MILITAIRE

Lunettes et Pince-Nez en tous genres — Jumelles, Baromètres
Thermomètres et tout ce qui concerne l'Optique.
Exécution scrupuleuse des ordonnances des Docteurs Oculistes.

ATELIER DE RÉPARATIONS — PRIX TRÈS RÉDUITS
MAISON DE CONFIANCE OUVERTE TOUTE L'ANNÉE

ORFÈVRERIE
CHRISTOFLE

Une seule et unique Qualité :
La Meilleure

— AFIN DE L'OBTENIR — & LE NOM "CHRISTOFLE"
EXIGEZ CETTE **MARQUE** — SUR CHAQUE PIÈCE —

RÉARGENTURE DE TOUS OBJETS

Fournisseur des Grands Hôtels pour la France et l'Etranger

ENVOI FRANCO du CATALOGUE

Manufacture : 56, Rue de Bondy — PARIS

PATISSERIE, CONFISERIE SUISSE

Maison CALONDRE
178, Rue de Nîmes, 178 • VICHY

T. CHARPIOT, Successeur

MAISON DE PREMIER ORDRE — FABRICATION SUPÉRIEURE
RENDEZ-VOUS DE LA CLIENTÈLE ÉLÉGANTE. — TEA ROOM

Livraison à domicile et à toute heure
EXPÉDITIONS POUR TOUS PAYS
TÉLÉPHONE 0-17

Pharmacie du Parc et des Etrangers
ANGLAISE & FRANÇAISE — Téléphone 1-76
VICHY - 26, Rue Cunin-Gridaine, 26 - **VICHY**

THE BRISTISH PHARMACY — *Interprètes* : Anglais, Allemand, Italien, Russe, Espagnol, etc.

Laboratoire spécial d'Analyses d'Urines — Accessoires de Pharmacie
Expéditions - **PRIX TRÈS MODÉRÉS**

LABORATOIRE
MÉDICAL
OPTICIEN
ORFÈVRERIE
PATISSERIE
PHARMACIE

11, Rue du Parc (Près du Grand Casino)

Syndicat d'Initiative de Vichy

Secrétariat ouvert de 8 à 11 h. et de 13 à 18 h. (les dimanches exceptés)

Même Adresse : Bureau de Renseignements de la Cie P.-L.-M.
délivrant des billets de Chemin de fer

G^{de} Pharmacie Principale

21, Rue du Marché, 21

1re PHARMACIE COMMERCIALE DE LA RÉGION
PRIX LES PLUS RÉDUITS SUR ANALYSES,
ORDONNANCES, SPÉCIALITÉS, ACCESSOIRES, etc.

GANTS A FRICTIONS, EAU DE COLOGNE • SE HABLA ESPAÑOL

Stand-Tir aux Pigeons - Vichy

Rue Louis-Blanc, Direction : **GAUME Fils**, Armurier, Rue du Marché, 19

Vue prise sur la passerelle du barrage.

Tous les Tirs : **Pigeons, Ball-trap, Lièvres, Défense, Combat
Cibles, Lebel**, etc., etc., **Armes modernes**
CONCOURS PERMANENT. - Téléphone 2.30

LABORATOIRES REY
- English Spoken -
Se Habla Español

(Sur le Parc)   **& Pharmacie de l'Amirauté**

Si Parla Italiano
Man Spricht Deutsch

ORDONNANCES
ANALYSES
SPÉCIALITÉS

PASTILLES St-SAUVEUR
PASTILLES DE VICHY

Parfumerie de luxe et tous Accessoires

DIABÉTIQUES
ARTHRITIQUES = DYSPEPTIQUES

Les Produits
"SANA"

Font Diminuer le Sucre et **GUÉRISSENT**

⇌ Ces Produits, scientifiquement dosés et établis d'après les formules les plus récentes, donnent toute sécurité au Médecin qui formule, et, tout en étant **un régal** pour les malades, leur apportent par surcroît **FORCE** et **SANTÉ**.
⇌ Les Produits " SANA " sont vendus et expédiés dans le monde entier.
Rien de pareil n'a été fait jusqu'à ce jour. Exiger le sachet d'origine, papier cristal, portant la marque " SANA ".

STAND PAIN SANA

— Echantillon sur demande, en ajoutant timbre pour réponse —

Dépôt : **VICHY, 28, rue Burnol**
ET PRINCIPALES VILLES

Compagnie Générale des Produits " SANA "
GAILLAC (Tarn) — FRANCE

La *Compagnie Générale des Produits* "SANA" fabrique également les Produits de régime pour **Albuminuriques** et pour **Constipés**.

Taillerie de Royat

SEULE USINE DU GENRE EN AUVERGNE

VISITE GRATUITE DES ATELIERS & MAGASINS

ROYAT-les-Bains (Puy-de-Dôme)

Pierres fines ★ Pierres dures ★ Bijouterie

MAISONS DE VENTE :

VICHY : Galerie de l'Hôpital, 24

ROYAT — CHATELGUYON — LA BOURBOULE — LE MONT-DORE
SAINT-NECTAIRE — BIARRITZ — NICE — CANNES — MENTON

PARIS : 15, Rue Auber

LOUIS DELARAT

"Au Printemps"

CONFECTIONS POUR DAMES
MODÈLES HAUTE NOUVEAUTÉ

BLANC — TISSUS — LINGERIE

17, Rue du Marché • **VICHY** • Rue du Marché, 17

LADIES & GENTLEMEN TAILOR

B. MICHEL

1, Rue Royale, 2, Rue Burnol et sur le Parc — **VICHY**

Seul Dépositaire, à Vichy, des Modèles de Sport
— **BURBERRY de Londres** —

à **PARIS**, Rue Scribe, 5 (Ascenseur)

Téléphone : Vichy 0-45   ooo   Téléphone : Paris-Louvre 27.09

MAISON FONDÉE EN 1872 — **COMPAGNAT, Tailleur**

PERRY, Successeur

Square des Nations, 5 (face à l'Hôtel Ruhl)

EXCLUSIF AU GRAND TAILLEUR

PASTILLES VICHY-ÉTAT
LA BOITE : **0 fr. 50 CENTIMES**

TAILLERIE
LIMONADE
CONFECTION

Tout le monde doit boire

La Source *Château Robert* qui assure le fonctionnement régulier de nos organes

Pendant la Saison de Vichy **"CHATEAU-ROBERT"** sera toujours heureux de faire déguster gracieusement SA LIMONADE

BASSIN DE VICHY

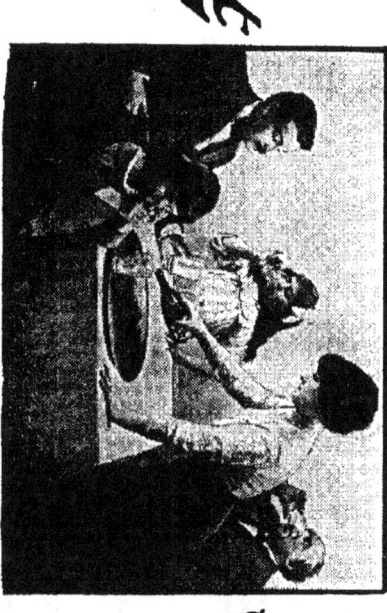

La Limonade *Château Robert* au gaz naturel des Sources Frais et odorants citrons

MAGASIN :
Place Victor-Hugo
VICHY

AIX-LES-BAINS
Régina Hôtel BERNASCON
& Villa RÉGINA

250 Chambres avec Eau chaude et froide — 50 Salles de Bains
Situation Magnifique — Jardins — Garage N. C. — Téléphone 0.30
BERNASCON, Propriétaire — *Correspondance :* **BERNASCON, Aix-les-Bains**

PARAY-LE-MONIAL
Grand Hôtel du Sacré Cœur
LE SEUL EN FACE DE LA CHAPELLE DU SACRÉ CŒUR
1er ORDRE — RECOMMANDÉ aux FAMILLES et au CLERGÉ
CHAUFFAGE CENTRAL — SALLE DE 300 COUVERTS

AUTO-GARAGE — FOSSE — BOXES — TÉLÉPHONE : 4
Veuve DRAGO, Propriétaire

APRÈS LA CURE DE VICHY,
LA CURE DE MONTAGNE

Salève-sur-Genève
(Altitude : 800 mètres) MONNETIER-MORNEX (Hte-Savoie)
GRAND HOTEL BELLEVUE
1er Ordre. Tout le Confort. Chauffage central. Electricité. Appartements avec Chambres de bains. — *En face des Alpes et du Mont-Blanc.* — Prospectus. — **BONZANIGO**, Propr. Direct.

GRANDS HOTELS

AIX-LES-BAINS
(SAVOIE)

MIRABEAU
(Hôtel et Restaurant)

Cette Maison, ouverte en 1911, s'impose à l'attention des Baigneurs et des Touristes. Sa situation, son Parc, ses Terrasses dominant le cirque immense de la vallée et le Lac du Bourget dans un cadre merveilleux, en font une réelle attraction.

Auto-Garage - Téléphone

SAISON AVRIL à OCTOBRE

CHATELGUYON

(Puy-de-Dôme)

Splendid Hotel

et

Nouvel Hotel

Réunis

Les Seuls Hôtels dans le Parc de la Société Thermale.

Vastes Jardins et Terrasses. Tennis

Auto-Garage - Téléphone

APRÈS LA CURE THERMALE
LE COMPLÉMENT INDISPENSABLE DU TRAITEMENT EST LA
CURE D'AIR
au Château d'Angeville

par **LOMPNÈS** (Ain), gare **Tenay** *(Ligne Lyon-Genève)*
à 2 h. de Lyon — 1/2 h. d'Aix-les-Bains — 6 h. de Vichy

Ancienne Propriété des Comtes de Savoie, dans un parc merveilleux de 14 hectares, avec Terrasses, le tout entouré de **Superbes Forêts de Sapins**

Ce Château a été transformé en **Hôtel de 1er Ordre** *(Salles de bains, Électricité, Téléphone, Lavabos, eau chaude et eau froide)*. **PRIX** : à partir de **12 francs** (début et fin de saison) ; **15 fr.** en *Juillet et Août* — Arrangements pour familles. Régimes à la demande du Client

Renseignements : écrire à la Direction du Château de LOMPNÈS (Ain)

MENTON

HOTEL IMPERIAL

MAGNIFIQUE SITUATION EN PLEIN MIDI DANS UN GRAND PARC, AVEC VUE DEPUIS BORDIGHERA AU CAP MARTIN

GRAND HALL LOUIS XVI - RESTAURANT

J. ALETTI (de Vichy), Administrateur
R. C. ULLRICH, Directeur

PALACE-HOTEL

BARCELONE (Espagne)

Etablissement à 4 façades. — 180 Chambres. 60 Salles de Bains — W.-C. et Lavabos, avec eau froide et eau chaude dans chaque Chambre. **Arrangement pour famille et long séjour.** Chambre et Pension complète depuis **9 fr.** par jour. — Chambre et Pension complète, avec Salle de bains, depuis **12 fr. 50** par jour.
— ASCENSEUR — ELECTRICITÉ —

Adresse télégraphique : **PALHOTEL - BARCELONA**

Société Générale Commerciale

d'Eaux Minérales du Bassin de Vichy

Société Anonyme au Capital de 1.200.000 francs

Siège Social : 47, Rue Laffitte, à **PARIS**

Siège d'Exploitation : à **SAINT-YORRE**

Avec embranchement particulier sur la voie du P.-L.-M. (ligne de Vichy à Thiers)

La Société est Propriétaire des Sources :

Principale	**Commerciale**	**Léon Gambetta**
Spéciale	**Léon**	**Active**
Jeanne d'Arc	**Efficace**	**Capiteuse**
Lumière	**Unique**	**Ampère**
Saint-Paul	**Diogène**	**Bon Pasteur**

etc., etc., etc.

Elle tient à la disposition de sa Clientèle
l'Excellente Limonade
"LA SPÉCIALE"
faite avec du sucre pur, des zestes de citrons frais, et du gaz naturel de Source d'Eau minérale

ADRESSER DIRECTEMENT LES COMMANDES

à **M. JACQUIN**, Directeur à **SAINT-YORRE** (Allier)

PRODUITS
Julien Damoy

GARANTIS PURS

4 Usines

pour la Fabrication

des

Produits alimentaires

Livraison

à domicile dans Vichy

et les

Environs

ARTICLES RECOMMANDÉS :

le 1/2 kilo

CAFÉ DAMOY, Marque "Luxe-Export" . . .	2 80
CHOCOLAT DAMOY, Marque "La Tasse".	1 40
CACAO DAMOY, Marque "La Tasse" . . .	3 10
THÉ DAMOY, Marque "La Tasse"	4 80
TAPIOCA DAMOY, Marque "Le Select" .	1 10

CONCESSIONNAIRE POUR VICHY :

Maison COUDRET

165, Rue de Nîmes — Téléphone 2-62

EAUX
MINÉRALES
ÉPICERIE

LISTE des HOTELS

(HOTELS FAISANT PARTIE DU SYNDICAT D'INITIATIVE)

DÉSIGNATION des HOTELS	PROPRIÉTAIRES ou DIRECTEURS	PRIX minimum pour Chambre Déjeuner et Dîner	Téléphone
Aix et Chambéry............	Modanel.......	9 »	1.40
Ambassadeurs (des).........	Roubeau.......	15 »	0.57
Ambassadeurs (Villas des)....	Roubeau.......	25 »	0 57
Amérique (d').............	Mme Germot....	10 »	2.04
Alexandra-Hôtel et des Anglais	Dumas.........	10 »	4.22
Astoria Palace..............	Soalhat........	20 »	3.20
Avenir (de l').............	Michel........	6 50	
Bade et Notre-Dame (de)....	Mignot........	11 »	0.93
Bains (des)................	Jury..........	15 »	0.08
Beaujolais (du).............	Téreille.......	8 »	1.64
Beau Rivage (du)..........	Bardiaux......	9 »	1.32
Biarritz (de)...............	Albigny........	7 »	
Brest (de).................	Fayollet.......	7 50	2.18
Britannique	Michelon.......	8 »	2.80
Castel Flamand	Collet.........	15 »	1.10
Central Hôtel	Poullien........	8 »	1.24
Cherbourg (de)............	Périn.........	11 »	0.53
Cloche (de la).............	de Mourgues....	9 »	2.88
Côte d'Or (de la) et d'Argenteuil	Mme M. Dalbon .	7 50	3.81
Desfarges et Nouveaux Parcs..	Mmes Desfarges ..	10 »	1.72
Deux-Mondes (des).........	Combrisson	8 »	1.88
Deux Parcs (des) et du Maroc	Mme Germot....	10 »	2.04
Eaux (Hôtel et Villa des)	Desmaillet......	7 »	4.10
Europe (de l').............	Aussaye	10 »	0.34
Faubert (Villa de)..........	Barré.........	8 »	
Gabriel (Castel) (appartements)	Julien.........	20 »	
Globe (du)	Bourdin........	8 »	1.35
Grand Condé (du)	Cartaillier	7 50	

LISTE DES HOTELS

(HOTELS FAISANT PARTIE DU SYNDICAT D'INITIATIVE)

(suite)

DÉSIGNATION des HOTELS	PROPRIÉTAIRES ou DIRECTEURS	PRIX minimum pour Chambre Déjeuner et Dîner		Téléphone
International...............	Soalhat.........	15	»	0.68
Londres (de)..............	Berthon.........	8	»	
Louvre et de Reims (du).....	Teisseire........	8	»	1.44
Lutetia (de)	Vachet.........	11	»	2.17
Majestic..................	Aletti..........	25	»	0.60
Menton (de)...............	Vizier	8	»	1.91
Molière	Mlles Mourlon...	10	»	
Mombrun, meublé sans pension	Mme Giboin	5	»	0.71
Newa (de la)..............	Aragon	8	»	2.72
Nièvre (de la).............	Chavignon......	6	»	
Nouvel Hôtel Carlton.......	Hainzl..........	15	»	0.09
Paix (de la)...............	Fleury..........	11	»	0.56
Parc (du).................	Aletti..........	18	»	0.55
Parc Lardy (Hôtel et Villa du)	Ferréol.........	7	»	
Paris (de).................	Moraillon.......	7	50	
Plaisance (de) et Bellecour....	Servagnet.......	9	»	0.61
Pont-Neuf (du).............	Vve Pauron.....	7	»	0.74
Princes (des)..............	Coffigneau	12	»	1.55
Printemps (du)	Bertucat........	7	»	2.34
Queen's Hôtel.............	Muris..........	12	»	1.13
Régent (du)..............	Migeon	8	»	1.42
Rome (de)................	Mme Blanc Gagé.	9	»	1.31
Royal-Hôtel...............	Bournat........	10	»	2.43
Sévigné (Pavillon)..........	Aletti..........	15	»	0.39
Splendid et d'Orléans.......	Pralois.........	12	»	0.35
Thermal Palace............	Aletti..........	20	»	0.49
Vichy-Hôtel...............	Guichard.......	8	»	2.31

LISTE DES HOTELS

(Hôtels ne faisant partie que du Syndicat des Hôteliers)

Avec indication du Prix minimum

HOTELS

Albe et Suisse.......	8 »	de Grignan..........	10 »
d'Alger	7 »	Henri IV...........	7 »
d'Allier	5,50	de la Laure.........	6 »
des Alpes...........	8 »	du Lion d'Or........	7 »
d'Angleterre........	6,50	de Lisbonne.........	8 »
de Bayard et Boulogne.	7 »	de Madrid et Métropole	7 »
de Béarn	6 »	de Magenta	8 »
Beau Site...........	7 »	Moderne	7,50
de Bellevue	8 »	de Nice.............	8 »
Bourgeon...........	6,50	du P.-L.-M.........	6,50
de Bourgogne........	7 »	du Portugal	9 »
des Carmes..........	7 »	de Provence.........	7 »
des Charmilles.......	8 »	des Pyrénées	9 »
Château-d'Eau.......	7 »	Ruhl	25 »
de l'Elysée..........	6,50	Russie	7,50
de l'Etoile	7 »	Sainte-Marie........	7 »
Gallia..............	7,50	de la Source Lucas....	8 »
de Genève..........	8 »	de Venise...........	8 »
de la Grande Grille...	9 »		

VILLAS MEUBLÉES AVEC PENSION

Bottero.............	6,50	de l'Hôtel de Ville ...	6 »
du Casino..........	9 »	de Mantes-la-Jolie....	6,50
Cécilia.............	6 »	Parmentier..........	7 »
Grolleau............	7 »	de Passy............	7 »
Hauterive...........	6,50	Pavillon d'Orléansville.	7 »

VILLAS MEUBLÉES SANS PENSION

d'Allier.................		Prix minimum.....	2 »
Mireille.................		—	15 à 20 »
d'Urfé..................		—	15 à 20 »

ÉDITION 1914. — Tirage justifié : 50.000 Exemplaires

GUIDE

du Baigneur et du Touriste

à

VICHY

LA REINE DES VILLES D'EAUX

VICHY-THERMAL
VICHY-MONDAIN
VICHY-SPORT

Les Photographies illustrant cet Ouvrage sont de la Maison Lévy (LL)

PUBLIÉ

par le

SYNDICAT D'INITIATIVE de VICHY

11 - Rue du Parc - 11

MARIE FRINZINE, *Imprimeur-Editeur*
Aix-les-Bains — Imprimerie des Alpes — Agence à Vichy

COMITÉ DU SYNDICAT D'INITIATIVE DE VICHY

MM. le Docteur DURAND-FARDEL ✻, *Président*.
le Docteur NIVIÈRE, *Vice-Président*.
MUNIER ✻, Chef du contrôle de la Compagnie Fermière, *Vice-Président*.
MATHIAS, Négociant, *Vice-Président*.
PLACE, Avocat, *Secrétaire-Général*.
LACARIN, Architecte, *Secrétaire-Adjoint*.
REY, Pharmacien, *Trésorier*.
BONNET, Négociant, *Trésorier-Adjoint*.

MEMBRES

MM.

ALETTI, Directeur des Hôtels du Parc et Majestic.
ANDRÉ ✿, Directeur de la Restauration.
ARIZZOLI, Industriel.
BLAT, Négociant.
BEAUDONNET ✿, Docteur en Médecine.
BOUCULAT ✿, Directeur d'Agence de locations.
BOUGAREL ✿ O I, Imprimeur.
BOURDIN ✿, Propriétaire de l'Hôtel du Globe.
BRUNET, Représentant de Commerce.
CHANET ✿, Architecte.
CHAUSSARD, Négociant.
COUBAND ✻, Directeur-Général de la Compagnie Fermière de Vichy.
DELÉAGE ✿, Docteur en Médecine.
GERMOT, Professeur.
GUINARD, Docteur en Médecine.
LETIERCE, Chirurgien-Dentiste.
LYON ✿, Joaillier.
MAIRE ✿, Chirurgien.
NIGAY ✿, Docteur en Médecine.
PERRIN, Propriétaire de l'Hôtel de Cherbourg.
RODOT, Directeur du Comptoir National d'Escompte, à Vichy.
ROUBOT, Directeur du Casino de l'Elysée-Palace.
SOALHAT ✿, Propriétaire de l'International Hôtel.
VERNOT, Négociant.
WALLON ✿, Imprimeur.

GUIDE DE VICHY

Histoire

VICHY, qui appartient au département de l'Allier, est un chef-lieu de canton de l'arrondissement de Lapalisse, situé sur la rive droite de l'Allier, au centre de la France, à 365 kilomètres de Paris, en communication directe avec tous les réseaux de chemins de fer. Sa population normale, qui s'accroît de jour en jour, dépasse actuellement 17.000 habitants.

Les Romains connaissaient déjà Vichy et venaient s'y soigner, ainsi que cela résulte des antiquités trouvées au cours de fouilles.

Au moyen âge, Vichy perd beaucoup de son importance. Vers 1400, le duc Louis de Bourbon y établit sa capitale, entoure la ville de remparts et y construit, avec son château, plusieurs tours, dont l'une existe encore aujourd'hui ; il fonde le Couvent des Célestins.

Pendant la Praguerie, la ville est assiégée par Charles VII, qui reçoit à Cusset la soumission du duc de Bourbon. Puis, comme la plupart des petites places fortes d'Auvergne et du Bourbonnais, Vichy est mêlé à toutes les guerres de religion.

En 1676 et 1677, Madame de Sévigné y fait des cures successives, dont témoigne sa spirituelle correspondance.

Au XVII siècle, les bains de Vichy étaient en grande vogue ; Antoine d'Aquin, premier médecin du Roy, Charles d'Aubigné, Michel Chamillard et la duchesse de Luynes y séjournent ; au XVIII siècle, Mesdames Adélaïde et Victoire de France, filles de Louis XV, viennent à Vichy pour s'y soigner.

En 1810 et 1812, Napoléon Ier crée le Vieux Parc. En 1821, la duchesse d'Angoulême pose la première pierre de l'ancien Etablissement Thermal.

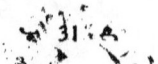

Napoléon III, qui fit plusieurs saisons à Vichy, fut le vrai créateur de la ville d'eaux moderne. Il décréta la construction de la digue de 1.600 mètres, grâce à laquelle fut possible la transformation des rives marécageuses de l'Allier en parcs magnifiques ; le tracé des routes thermales ; l'édification de l'Eglise St-Louis, de l'ancienne Mairie, etc.

Les fermiers de l'Etat, dont le bail de 1853 est renouvelé en 1864, construisent à cette époque un Casino élégant et confortable. Les séjours répétés de la Cour Impériale provoquent une ère nouvelle de prospérité croissante, que l'Année Terrible, elle-même, ne peut enrayer ; le nombre des clients que reçoit Vichy chaque année double et quadruple rapidement, et, de 20.000 en 1870, il atteint 110.000 en 1913.

Le village de 1810, aux quelques centaines d'habitants, aux rares et modestes auberges, s'est mué en une ville de près de 20.000 âmes, avec des hôtels de tout premier ordre, et d'innombrables villas plus élégantes les unes que les autres.

Aussi, tout est devenu trop petit : Etablissements Thermaux et Casino sont insuffisants. Ayant obtenu un nouveau renouvellement de son bail, la Compagnie Fermière démolit le vieux bâtiment thermal de 1821, bâtit le magnifique Etablissement de 1re Classe que le monde entier admire aujourd'hui, agrandit le Casino, construit le Théâtre, et établit des galeries couvertes, vastes promenoirs qui entourent le Vieux Parc.

En même temps, la Municipalité fait de très importants travaux d'hygiène. Rien ne manque maintenant à la Reine des Villes d'Eaux, et Vichy peut prendre avec confiance la devise orgueilleuse de Fouquet :

"Quo non ascendam ?"

Un Coin du Vieux Parc

Le Parc des Célestins

Pourquoi l'on vient a Vichy

Si, de tous les points de la France, de l'Europe, du Monde entier, plus de 100.000 personnes viennent séjourner à Vichy pendant la saison d'été, il faut bien que cette Ville possède un charme particulier pour attirer et retenir une pareille foule de visiteurs, dont beaucoup sont fidèles à ce pèlerinage qu'ils font régulièrement depuis de multiples années. Nombreux sont les clients qui viennent à Vichy pour la vingtième, la trentième fois, par reconnaissance, et aussi par précaution ; on nous a montré le doyen des habitués qui faisait, en 1909, sa *cinquante-troisième Saison!*

On est venu d'abord à Vichy sans enthousiasme, sur l'ordre du docteur, comme l'on serait allé à X...-sur-Mer ou à Y...-sur-Mont. Mais la Grande-Grille, l'Hôpital, Chomel et les Célestins ont accompli leur œuvre bienfaisante et miraculeuse : un mieux sensible se manifeste, les douleurs s'apaisent, l'appétit revient, la digestion se fait déjà normalement. L'année suivante, on revient pour achever la guérison, et ensuite on rend aux Déesses des Eaux une visite de politesse et de remerciement, heureux de pouvoir profiter des plaisirs de Vichy et d'excursionner dans ses charmants environs sans avoir le souci du verre d'eau à boire, de la douche à prendre, la terrible douche, « *cette assez bonne répétition du Purgatoire* », comme disait la marquise de Sévigné.

Le nombre des Baigneurs proprement dit, c'est-à-dire de ceux qui se soignent vraiment, est considérable, comme le prouvent la foule énorme qui se presse autour des vasques des Sources, et le nombre des bains et des douches donnés dans les seuls Etablissements de la Compagnie Fermière, sans compter les autres.

Mais Vichy n'est pas seulement une ville médicale, une de ces stations où l'on ne voit que des malades ; c'est aussi une ville de mondanités et de sports aussi variés que possible, et un centre d'excursions pittoresques dont l'automobile a augmenté le nombre et la variété.

Vichy réunit donc tous les avantages : malades et mondains, habitués des théâtres et fervents des sports, amateurs de villes et amateurs des champs, tous y trouvent ce qu'ils désirent. C'est là ce qui fait la force victorieuse, le succès toujours croissant de **la Reine des Villes d'Eaux.**

LES PISTEURS

Que le voyageur se méfie des « Pisteurs ». Le « Pisteur » se rencontre dans les trains se dirigeant sur Vichy; plein d'amabilité pour l'étranger, se donnant l'extérieur d'un malade qui se rend aux eaux, il l'accable de mille prévenances et, surtout, de renseignements mensongers. Il recommande, d'un air désintéressé, un hôtel ou une maison meublée, voire même un médecin. Le voyageur peut être certain que l'hôtel ainsi recommandé est mauvais : car, seules, les maisons mal tenues ont besoin de ce procédé pour recruter leur clientèle.

L'Allée Centrale
du Nouveau Parc

COMMENT L'ON VIENT A VICHY

SERVICE D'ÉTÉ P.-L.-M. *(Trains Express, Rapides et de Luxe)*

1° De *Genève* et *Lyon*, de *Marseille* et *Nîmes*: Trains express quotidiens, toutes classes, en correspondance directe avec le Midi.
   Départ de Lyon vers 10 h., 15 h. et 16 h.

2° De *Paris*:
  a) Vichy-Express, train de luxe, W. S. — W. R. Nombre de places limité. Dép. de Paris vers 16 h.
  b) Train Rapide 1re classe, L. S. — W. R. Dép. de Paris vers 11 h.
  c) Trains Express de toutes classes. Dép. de Paris vers 8 h., 12 h. 30, 20 h. et 22 h.

BILLETS D'ALLER ET RETOUR DE VACANCES P.-L.-M.

Pour familles de 3 personnes au moins, de toutes gares P.-L.-M. pour Vichy, des billets d'aller et retour sont délivrés du 15 Juin au 15 Septembre, valables jusqu'au 5 Novembre.

Minimum de parcours simple : 150 kilomètres, avec arrêts facultatifs.

Demander ces billets quatre jours avant le départ.

PRIX : Le prix de 4 billets simples ordinaires pour les deux premières personnes ; le prix d'un billet simple pour la troisième personne ; la moitié de ce prix pour la quatrième et chacune des suivantes.

NOTA. - Certaines facilités de prolongation et de retour individuels sont accordées : *Voir le Guide-Horaire P.-L.-M.*

BILLETS D'ALLER & RETOUR P.-L.-M. *(individuels ou collectifs, pour Vichy)* :

1° *Billets individuels*, toutes classes, valables 10 jours, faculté de prolongation, délivrés du 1er Mai au 31 Octobre, dans toutes les gares P.-L.-M.

Réduction : 25 % en 1re classe et 20 % en 2e et 3e.

2° *Billets collectifs*, toutes classes, valables 33 jours, délivrés du 1er Mai au 15 Octobre, dans toutes les gares P.-L.-M. distantes de 150 kilomètres. Arrêts facultatifs.

Demander ces billets quatre jours à l'avance.

PRIX : Comme les Billets de Vacances.

SERVICES DE VOITURES DIRECTES

Paris-Vichy. — Genève et Lyon-Vichy. — Irun et Bordeaux-Vichy par Gannat. — Brest-Nantes-La Rochelle-Lyon par Saincaize avec correspondance directe à St-Germain-des-Fossés sur Vichy.

Source des Célestins

LES SOURCES MINÉRALES

Les Sources de Vichy sont au nombre de douze. Cinq d'entre elles : **Chomel** (42°6), la **Grande-Grille** (41°25), **L'Hôpital** (33°), **Lucas** (26°) et **Les Célestins** (16°7), sont connues de temps immémorial, et ont jailli à une époque qu'il est impossible de déterminer, même d'une façon approximative ; ce sont les plus souvent utilisées pour la Cure. Les autres : **Lardy** (22°3), **Le Parc, Prunelle, Généreuse, Les Etoiles, Larbaud,** dont la température varie de 18°6 à 23°2, et **Dubois** (16°), ont apparu après des forages, dont le plus ancien, celui de la Source du Parc, eut lieu en 1844. Deux autres Sources émergent sur le territoire de communes voisines et sont amenées à Vichy par des canalisations souterraines : **Mesdames** (16°5), de Cusset, et la Source **Boussange** (40°4), de Bellerive. L'eau de cette dernière est uniquement utilisée pour les bains et les douches. Le débit journalier de ces 14 sources dépasse 675.000 litres.

Le jaillissement a toujours lieu sous une cloche et l'eau minérale arrive aux robinets de distribution à l'abri de toute cause de contamination. Les analyses bactériologiques du professeur Pouchet, en 1901, ont prouvé que l'eau minérale pure, au griffon, restait telle à la buvette et à l'embouteillage.

Source
Chomel

Source
de la
Grande Grille

Source
Mesdames

Les principales Sources de Vichy sont munies de conduites d'eau stérilisée, maintenue à la température de l'eau des Sources, pour le lavage des verres ; le lavage s'effectue avec l'eau minérale de la Source, près des Sources les moins fréquentées. L'accès des Buvettes est gratuit à toutes les Sources.

L'Etat possède sept de ces Sources ; déclarées d'utilité publique depuis 1861, elles sont pourvues d'un périmètre de protection de plus de dix mille six cents hectares (10.600 hectares).

Quelle que soit la Source qui la fournisse, l'eau minérale est gazeuse à l'émergence, limpide et incolore sous un faible volume, et contient de 4 gr. 50 à 5 gr. 60 de bicarbonate de soude, du chlorure de sodium, du sulfate de soude, des bicarbonates de chaux et de potasse, de l'arsenic, de la lithine, de l'hélium, etc., et de 0 gr. 85 à 1 gr. 80 d'acide carbonique libre, suivant que l'eau émerge à une température plus ou moins basse ; elle est aussi légèrement radio-active. Certaines sources, plus ferrugineuses ou plus sulfurées, sont utilisées de préférence aux autres pour le traitement de quelques affections.

Source de l'Hôpital

Vue des Quais sur Bellerive

LA CURE DE VICHY

NOTICE MÉDICALE

La Cure de Vichy comporte l'usage de l'eau en boisson et en pratiques externes : bain, douche, etc... C'est le traitement interne qui est le plus important et exerce une action plus complète sur l'organisme.

Il ne faudrait pas déduire cette action physiologique et thérapeutique des éléments chimiques qui entrent dans la composition de l'eau et dont on a vu l'analyse détaillée dans le chapitre précédent. L'Eau de Vichy, comme toutes les eaux minérales, est un médicament complexe dont les éléments physico-chimiques se trouvent, à la source, dans un état spécial que ne saurait réaliser aucune synthèse artificielle, et qu'on a justement qualifié de *vivant*. Rien ne saurait donc remplacer la cure faite sur place et normalement dirigée.

Les différentes sources de Vichy sont toutes constituées sur un même type physico-chimique, qui les fait ranger dans la classe des bicarbonatées sodiques fortes ; si les quelques variations qu'elles présentent entre elles au point de vue de la température et de certains de leurs principes minéralisateurs permettent au médecin qui les manie d'ordonner plus spécialement les unes que les autres dans les diverses affections, leur action physiologique fondamentale reste la même pour toutes.

L'eau de Vichy ingérée a, pour premier résultat, le nettoyage des premières voies digestives et de tout le trajet gastro-intestinal, analogue au décapage extérieur produit par les bains. Le bicarbonate de soude entraine, en les délayant, toutes les impuretés grasses qui salissent la muqueuse intérieure et obstruent l'orifice des innombrables petits organes chargés, les uns, de sécréter les sucs de l'estomac et de l'intestin, les autres, d'absorber les produits élaborés de la digestion. La muqueuse, ainsi débarrassée, prend sur tout son parcours une vie plus intense, accrue par l'excitation propre des éléments minéraux de l'Eau de Vichy. Cette suractivité se manifeste surtout : dans l'estomac, par une production plus abondante de suc gastrique, et dans l'intestin, par une absorption plus considérable des produits élaborés de la digestion et un accroissement notable de la nutrition et de l'assimilation. Tel est le premier bénéfice de l'absorption de l'Eau de Vichy : une activité plus grande de la vie organique (de la digestion et de la circulation principalement), une sensation de remontement général, un bien-être, une résistance à la fatigue que les malades sont les premiers à reconnaître dès le début du traitement.

Dans l'estomac, les sensations douloureuses, si fréquentes dans certaines formes de dyspepsies, sont rapidement atténuées par l'action du gaz carbonique et la thermalité de l'Eau.

Le foie est un des organes qui subit le plus complètement l'action de la Cure de Vichy; sous son influence, le volume de la glande congestionnée diminue, la bile coule plus abondante et plus fluide, la cellule hépatique se débarrasse des substances toxiques qui l'encombrent, et reprend un fonctionnement normal.

Les reins éliminent plus abondamment, et les urines, moins acides, peuvent arriver à l'alcalinité; leurs éléments normaux tendent à se rapprocher du type physiologique, et leurs éléments anormaux, à disparaître.

Le sang, loin de s'appauvrir comme on l'a dit à tort, voit augmenter le nombre de ses globules rouges ainsi que le taux de l'hémoglobine.

La circulation est activée, et la tension artérielle, qui s'élève au début de la cure, tend à s'équilibrer vers la normale.

Les sécrétions sudorales et sébacées sont augmentées, et l'appareil génital est légèrement congestionné.

On voit que la Cure de Vichy a pour effet de régulariser, de ramener à la normale, les troubles fonctionnels des différents organes. Elle peut donc être considérée comme une médication régularisante de la nutrition générale.

A la Campagne ou en Voyage
LES
COMPRIMÉS VICHY-ÉTAT

permettent de faire **instantanément** *une*

Excellente Eau alcaline gazeuse
DIGESTIVE & DIURÉTIQUE

2 fr.

le Flacon de 100

Toutes

Pharmacies

3 à 5 Comprimés pour un verre
12 à 15 — pour un litre

Eliminent l'ACIDE URIQUE

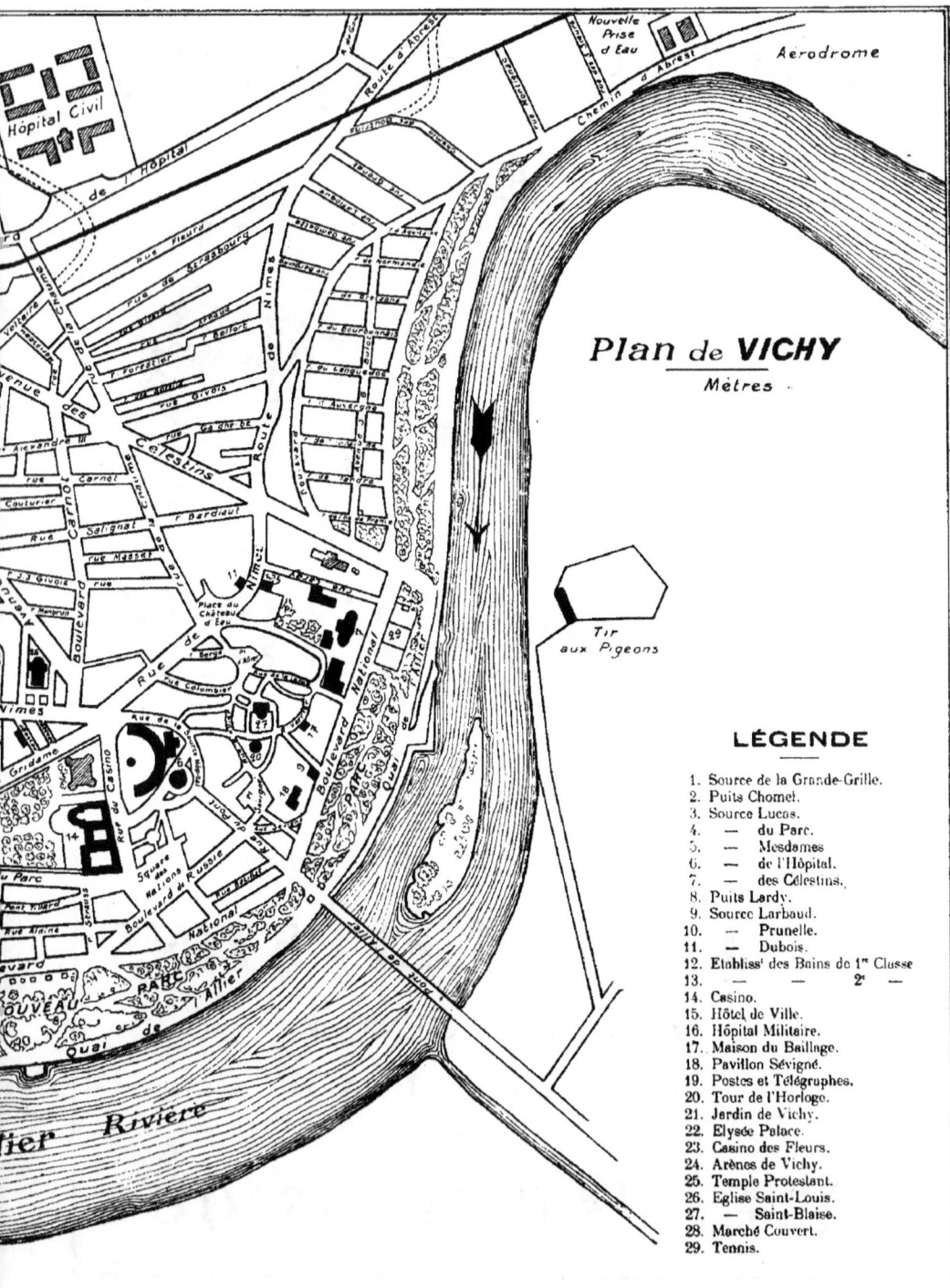

Le nouvel Etablissement Thermal

C'est à ce titre que la Cure de Boisson représente la médication type des états diathésiques que l'on a réunis sous le nom d'*Arthritisme*. Quelle que soit la théorie que l'on adopte pour expliquer ces états de l'organisme, il est certain qu'ils sont l'expression de troubles profonds et permanents desphénomènes de la nutrition, et, comme tels, ils sont justiciables au premier chef de la Cure de Vichy.

Donc, les affections des différents organes : foie, estomac, etc., retireront d'autant plus de bénéfice de cette Cure qu'elles évolueront sur des terrains plus manifestement arthritiques.

Les affections hépatiques sont tellement justiciables de Vichy qu'on a pu dire, non sans raison, que l'indication fondamentale de la Cure Vichyssoise devait être recherchée dans l'état du foie.

La lithiase biliaire (colique hépatique), en particulier, ressortit à Vichy dans toutes ses formes, sauf en cas de continuité des douleurs et pendant les périodes fébriles.

La même cure doit être prescrite dans les cas d'oblitération du canal cholédoque par un calcul volumineux, car elle pourra éviter l'intervention chirurgicale ; et ne réussirait-elle pas à rétablir la perméabilité des canaux biliaires qu'elle rendrait encore service, en mettant le patient dans de meilleures conditions pour supporter l'opération.

Chez les malades qui ont été opérés, elle prévient la production de nouveaux calculs.

Les divers *ictères*, s'ils résultent d'une maladie médicalement curable, les *congestions hépatiques, paludéennes, arthritiques, alcooliques, toxi-infectieuses*, etc., les *cirrhoses* même, à certaines périodes de leur évolution, doivent être envoyés à Vichy.

C'est dans l'état fâcheux de leur foie, non moins que dans les troubles de leurs fonctions digestives, que les *coloniaux* trouvent l'indication formelle de faire une cure dans cette Station toutes les fois qu'ils peuvent revenir en France.

Les *dyspepsies*, sous leurs différentes formes, sont pour la plupart tributaires de Vichy; les troubles digestifs des gros mangeurs, les *dyspepsies atoniques*, l'*hyperchlorhydrie* dont le traitement devra être suivi de très près et souvent modifié, certaines formes de *dyspepsies gastro-intestinales*, telles sont les principales affections des voies digestives qu'on voit souvent disparaître, et toujours s'améliorer, par la Cure hydro-minérale.

Le *diabète* constitue une indication de premier ordre pour Vichy; c'est la forme de diabète floride, sur terrain arthritique, qui a le plus à en bénéficier.

La *goutte*, avec son cortège de misères, est toujours améliorée par la Cure Vichyssoise; plus tôt le goutteux y sera soumis, plus il aura de chances, sinon de guérir, du moins de voir ses accès s'espacer.

Certaines formes de *rhumatisme chronique* sont heureusement influencées par la cure de boisson aidée des agents physiques.

Un Bal d'Enfants dans le Vieux Parc

La *gravelle urique*, dans les intervalles de crises de colique néphritique, et lorsque le rein n'est pas trop encombré, trouve à Vichy un moyen d'empêcher la formation ultérieure de l'acide urique.

L'*obésité*, surtout lorsqu'elle est acquise, survenant après la vingtième année, chez des sujets arthritiques, diminue par le traitement thermal combiné avec un régime approprié.

Enfin certaines affections cutanées, comme l'*acné*, la *couperose*, l'*urticaire*, qui sont en rapport avec un mauvais fonctionnement des organes digestifs, sont considérablement améliorées à Vichy.

Ce serait une erreur de croire, comme on le fait fréquemment, que la Cure de Vichy n'est applicable que dans la force de l'âge : les enfants ont tout avantage à y être traités pour corriger les états diathésiques qu'ils ont hérités, et les vieillards supportent sans inconvénients un traitement effectif que nécessitent les nombreuses tares qu'ils ont contractées au cours d'une longue existence. Pour les uns comme pour les autres, le traitement devra être soigneusement adapté à l'état de résistance des organes.

Nous avons dit que la part principale du traitement revenait à l'eau prise en boisson. Le traitement externe a cependant une grande importance, et le bain minéral de Vichy jouit, depuis les origines de la Station, d'une réputation méritée. L'emploi de l'eau minérale sous formes de douches, douches-massages, lavages intestinaux, lavages d'estomac, douches vaginales, nasales, etc., remplit de nombreuses indications, ainsi que les agents physiques variés : électricité, massage, gymnastique, etc. On verra dans le chapitre de ce " Guide" consacré aux Etablissements, quelles ressources offrent, dans l'espèce, les splendides installations de Vichy.

L'Allée Centrale du Vieux Parc

L'Orangerie des Célestins

LES ÉPOQUES
LES PLUS FAVORABLES POUR LE TRAITEMENT

La Saison Thermale de Vichy commence le 1er Mai et finit le 15 Octobre.

Dès les premiers jours de mai, les établissements thermaux et tous les hôtels sont ouverts; cela, jusqu'à la mi-octobre. Les théâtres débutent à partir du 15 Mai et clôturent le 30 Septembre.

Existe-t-il une époque plus spécialement désignée pour la Cure? C'est là une question qui est souvent posée aux médecins de la Station. En réalité, il n'existe pas d'époque spécialement favorable; toutefois, il est bon d'observer que Juillet et Août sont les mois pendant lesquels Vichy est le plus fréquenté; alors, les services des établissements thermaux suffisent à peine, les hôtels sont bondés, les médecins sont surmenés : la vie est donc plus fatigante, et le traitement plus difficile.

Au contraire, pendant les mois de Mai, Juin et Septembre, les malades sont certainement dans de meilleures conditions pour suivre avec attention leur traitement, leur nombre étant relativement restreint.

Il convient, au surplus, d'observer que certains hôtels sont ouverts toute l'année, de même que les Sourcès, et l'Etablissement de Bains dit : *de l'Hôpital.*

Le Nouveau Parc

Les Etablissements Thermaux

ÉTABLISSEMENTS DE L'ÉTAT

Les Etablissements appartenant à l'Etat sont au nombre de cinq. Quatre d'entre eux : les Etablissements de 1re, de 2e et de 3e classes, et l'Etablissement de l'Hôpital, sont administrés par la Compagnie Fermière de l'Etat, et le cinquième, l'Etablissement de l'Hôpital Militaire, par le Ministère de la Guerre.

L'Etablissement de 1re Classe, le plus récemment construit, fut inauguré en 1903 ; il est actuellement le plus vaste du Monde, et il passe pour en être le mieux aménagé ; il couvre, avec ses dépendances, plus de deux hectares.

Ce monument, de style roman byzantin, a 170 mètres de façade. Il est surmonté d'un dôme central, et d'une coupole à chacune de ses extrémités. L'entrée, de dimensions monumentales, donne accès dans un vaste hall éclairé de hautes verrières multicolores et orné de peintures murales et de balcons ; de ce hall partent les nombreuses galeries qui aboutissent aux différents services. Trois médecins sont chargés de surveiller constamment, l'un, les services hydrothérapiques, l'autre, l'Institut de mécanothérapie, et le troisième, l'Institut d'électrothérapie et de radiologie.

Les Etablissements de 2ᵉ et de 3ᵉ Classes, sis à proximité du précédent, couvrent, à eux deux, 6.300 mètres, et seront prochainement transformés.

L'Etablissement de l'Hôpital, restauré récemment, assure seul le traitement des malades pendant l'hiver ; il est pourvu de tous les appareils de l'Etablissement de 1ʳᵉ Classe, mais en nombre restreint.

L'Etablissement de l'Hôpital Militaire est exclusivement réservé aux officiers, sous-officiers et soldats.

ÉTABLISSEMENTS PRIVÉS

Indépendamment des Etablissements de l'Etat il existe, à Vichy, quatre Etablissements appartenant à des particuliers : l'*Etablissement Lardy* alimenté par la Source Lardy ; l'*Etablissement Larbaud*, alimenté par la Source Larbaud ; le *Hammam Vaporifère* et l'*Institut de Physicothérapie*, dirigés par deux médecins.

LES INSTALLATIONS THÉRAPEUTIQUES

Il serait fastidieux d'énumérer les ressources offertes par chacun des Etablissements de la Station. Il nous suffira de dire, pour en indiquer la richesse, que les seuls Etablissements hydrominéraux possèdent *quatre cent quarante-six cabines de bains ou baignoires* et *trente-quatre salles de douches en cercle, en jet, en pluie*, etc., et qu'ils ont, en outre, une quantité suffisante de bains à eau courante en piscine individuelle, de douches sous-marines en baignoire ou en piscine, de bains de pieds à eau courante, de bains de siège, de piscines froides ou tièdes, de caisses pour bains généraux ou locaux d'air chaud ou de vapeurs, de douches de vapeurs ou d'air chaud, de cabines de douches-massages aménagées pour donner indifféremment la douche de Vichy ou la douche d'Aix, de douches sur le lit, de douches vaginales ou intestinales (dont un grand nombre permettent de donner la douche horizontale), de douches vaginales sous-marines, de bains carbo-gazeux, de bains de lumière généraux ou locaux à chaleur radiante et lumineuse de Dowsing, de bains de lumière à incandescence, d'inhalations, douches ou bains de gaz des Eaux de Vichy, de lavages d'estomac ou de vessie, de douches nasales, pharyngées ou auriculaires, de pulvérisations, d'inhalations d'oxygène et d'appareils électriques permettant d'utiliser l'électricité statique ou dynamique suivant tous les modes d'emploi (bain statique, courants galvaniques, faradiques, de Watteville ou sinusoïdaux, haute fréquence, diathermie, bains hydro-électriques, bains à cellules de Schnée, appareil de Bergonié, etc.) et, enfin, de pratiquer la radioscopie, la radiographie et la radiothérapie.

L'*Institut de Mécanothérapie*, récemment agrandi, est installé dans une vaste salle de 360 mètres, et muni de plus de cinquante appareils, système Zander, dont un certain nombre, plus fréquemment utilisés, sont en double exemplaire. Un service de bains locaux d'air chaud (boîtes chauffantes électriques, système Tyrnauer) lui a été annexé.

L'*Hôpital Militaire Thermal* hospitalise, chaque année, 1.500 malades environ, et son Etablissement en soigne 3.000.

L'*Hôpital Civil Thermal*, pourvu de 160 lits, reçoit annuellement 800 indigents provenant de toutes les régions de la France et de l'Algérie.

Le Coin des Rosiers
au Parc des Bourrins

Bords de l'Allier

La Ville

ASPECT GÉNÉRAL

Vichy peut se diviser en trois parties : 1° *le Vieux Vichy,* aux rues irrégulières, aux maisons anciennes groupées autour de l'Eglise Saint-Blaise, ancienne chapelle du château du duc de Bourbon ; on y retrouve quelques traces des fortifications de jadis ; 2° *la Ville Commerçante,* plus moderne, très étendue, comprise entre la gare et la rue de Nimes ; 3° *la Ville Thermale,* comprenant les parcs, les sources, les bains, les théâtres, qui se développe entre la rue de Nimes et l'Allier, et où sont groupés la plupart des grands hôtels et des plus belles villas. C'est le quartier le plus fréquenté par la colonie étrangère.

Le Vieux Parc est le centre de la vie mondaine. Avec ses arbres plantés en quinconces et ses jardins à la française, il est toujours ombragé. Une belle allée centrale va du Casino au Palais des Sources. De chaque côté, une galerie couverte offre un abri précieux en cas de mauvais temps. Le soir, le Casino, la Restauration, les façades des hôtels, le Palais des Sources, les lampadaires semés à profusion l'éclairent généreusement.

C'est le lieu favori de réunion des Baigneurs. Il y a foule autour du kiosque aux heures où l'excellent orchestre du Casino donne ses concerts. Ceux qui préfèrent la conversation à la musique se dispersent un peu partout, par petits groupes, et il arrive souvent que, des 6.000 chaises mises à la disposition du public, aucune ne se trouve libre ! Puis, c'est *l'heure du verre d'eau.* « On va à la fontaine, dit Mme de Sévigné, tout le monde s'y trouve ; on boit et l'on fait une fort vilaine mine, car imaginez-vous que les eaux sont bouillantes et d'un goût de salpêtre fort désagréable. On tourne, on va, on vient, on se promène... » Sauf qu'on ne boit plus douze verres d'eau comme au temps de la spirituelle marquise, le joli tableau qu'elle trace est toujours exact, dans un cadre infiniment plus luxueux et avec un nombre beaucoup plus considérable de buveurs.

Le Palais des Sources, où sont réunies, dans de superbes vasques : *la Grande-Grille, Mesdames, Chomel,* et *Lucas,* est rempli d'une multitude avide de boire aux sources de santé.

Le Square et la Source de l'Hôpital. — Entre le Casino et la Restauration est situé *le Square de l'Hôpital,* où se donne le petit concert du matin, et qui est bordé par un hémicycle de luxueux magasins. On y remarque un hall couvert, dans lequel se trouve un beau groupe de Carrier-Belleuse. Un peu à droite jaillit la *Source de l'Hôpital,* qui partage avec *la Grande-Grille* et *Chomel* la gloire de guérir annuellement des milliers de malades.

La Place de la Marine. Le Pavillon Sévigné. — De la Source de l'Hôpital, en descendant vers l'Allier par la rue du Pont, on arrive sur la *Place de la Marine,* autrefois port de batellerie très prospère ; mais les chemins de fer ont tué cette industrie, et l'Allier ne voit plus les lourds bateaux plats qui, jadis, portaient au loin les diverses productions de l'Auvergne. En tournant à gauche par la *Rue Sévigné,* on rencontre *le Pavillon Sévigné,* habité en 1676 par la marquise, et dont l'architecture est restée intacte.

Les Célestins. — Sous un gracieux pavillon de style Louis XVI, adossé au rocher sur lequel se dressent encore les ruines du couvent des Célestins, se trouve la *Source des Célestins,* si précieuse pour l'expédition en raison de sa basse température.

De la *Terrasse de l'Orangerie,* on a une vue superbe sur la vallée de l'Allier, avec, au fond, Abrest, Hauterive, et plus loin, les collines et les monts du Forez.

LES MONUMENTS

De l'antique cité si souvent saccagée il reste peu de chose. Nous avons déjà cité la *Tour de l'Horloge*, quelques vestiges du *Château-Franc*, et la vieille *Eglise Saint Blaise*, où l'on voit une *Vierge Noire* très ancienne et très vénérée. Signalons encore la *Maison du Baillage*, rue Verrier, datant du XVIe siècle, dont la porte d'entrée à ogive et l'escalier à vis méritent une visite.

Du *Couvent des Célestins*, si puissant autrefois, il ne reste qu'un corps de logis d'assez grande allure.

L'Eglise Saint-Louis, de style roman, dont l'intérieur est décoré dans le style du XIIe siècle, est due à Napoléon III. Les figures des vitraux sont des portraits des membres de la famille impériale. Cette église vient d'être agrandie.

L'Hôpital Militaire date de 1847. Il se compose de plusieurs corps de bâtiments dispersés dans un vaste enclos. C'est le plus important de France. Il a ses bains particuliers, et reçoit annuellement plus de 1500 officiers, sous-officiers et soldats, à un traitement de faveur, à partir du 1er Mai.

L'Hôpital Civil, enrichi par une redevance sur la vente des eaux minérales, est une vaste cité neuve et parfaitement organisée. Des pavillons isolés sont mis à la disposition des malades étrangers. A l'entrée, un beau groupe : *La Charité*.

La Statue de la République, sur la place de ce nom, est une œuvre de belle allure et de grand mérite, due au ciseau du sculpteur bourbonnais Coulon.

Sur la *Place de la Gare* un joli groupe : *Vichy accueillant ses Hôtes*, du sculpteur Monbur.

Nous parlerons plus loin des édifices modernes : *Casino* et *Théâtres*.

PROMENADES

Les Nouveaux Parcs. Les Quais. — Ils sont la plus belle parure de Vichy et font l'admiration de tous les étrangers, avec leurs jardins à l'anglaise aux massifs touffus, aux vieux arbres de toutes essences envahis par les rosiers grimpants, et leurs petites pièces d'eau où évoluent les cygnes majestueux et les coquets canards de Barbarie. Bornés au nord par les vastes serres où les bambous et les palmiers prennent leurs quartiers

Le Vieux Parc vers le Palais des Sources

d'hiver, à l'est par le *Boulevard National,* ils forment sur tout l'ouest de Vichy, en bordure de l'Allier, des caprices duquel ils sont protégés par une digue monumentale, une magnifique ceinture de verdure et de fleurs, sur une longueur de plus de deux kilomètres. La belle route carrossable qui longe *les Quais* peut soutenir la comparaison avec la fameuse *Promenade des Anglais,* de Nice.

La vue, tant sur Bellerive que sur le Forez, est justement célèbre. Fléchier, puis la marquise de Sévigné, en proclamèrent les beautés champêtres. Mais, depuis eux, l'aspect général a quelque peu changé : les grèves marécageuses ont cédé la place à des jardins merveilleux. Pendant la Saison, au moyen d'un barrage, l'Allier turbulent est transformé en un magnifique lac, tandis que les tribunes du *Champ de Courses,* les élégants pavillons du *Golf,* les villas de *Bellerive,* le *Tir aux Pigeons,* et, tout là-bas, au midi, les hangars de *l'Aérodrome,* témoignent du développement incessant de la petite Station du XVIIe siècle, à peine connue de quelques privilégiés, aujourd'hui **la Reine des Villes d'Eaux.**

Mais si la rivière et les champs eux-mêmes ont pris des attraits nouveaux, ce ne serait pas pour déplaire à la noble marquise, et les couchers du Roi Soleil, derrière les douces collines qu'elle chérissait, y sont toujours d'une incomparable splendeur !

VICHY

Renseignements Généraux

Bureau du Syndicat d'Initiative, 11, rue du Parc. — De 8 h. à 11 h. et de 1 h. à 6 h., sauf le dimanche. Toutes les demandes de renseignements doivent être adressées au Secrétariat du Syndicat.

Office de renseignements de la Compagnie Fermière et de la Compagnie P.-L.-M., 11, rue du Parc. — On peut y prendre les billets de chemin de fer. — Fermeture le 30 septembre.

Bureau de M. l'Inspecteur général de la Compagnie Fermière, rue de l'Etablissement, en face la Pastillerie.

BANQUES

Banque de France, *25, rue de Paris.*
Comptoir National d'Escompte, *rue Cunin-Gridaine.*
Crédit Lyonnais, *place Victor-Hugo.*
Société Générale, *place Victor-Hugo.*

CULTES

Eglise Saint-Louis. — Le dimanche : messes basses à 5 h. 1/2, 6 h., 6 h. 1/2, 7 h., 7 h. 1/2, 8 h., 9 h., 10 h. 1/4, 11 h. 1/4 et midi. Il y a des chants à celles de 9 h. et de 10 h. 1/4. Vêpres à 4 h. 1/2. Salut à 8 h. — La semaine : Messes de 5 h. 1/4 à 9 h. du matin. Le soir, à 8 h. sermon et salut.

Eglise Saint-Blaise. — Le dimanche : messes basses depuis 5 h., grand'messe à 10 h. — La semaine : messes basses de 6 h. à 10 h.

Temple Protestant, *1, rue des Thermes*. — Service anglais, le dimanche à 8 h. 1/2 matin, midi 1/2 et 4 h. soir. — Service français : le dimanche à 9 h. 1/4 matin et à 2 h. 1/4 soir ; le jeudi, à 8 h. soir.

Oratoire Israélite, *boulevard de l'Hôtel-de-Ville*.— Services le vendredi, à 8 h. du soir, et le samedi, à 8 h. du matin.

POSTES, TÉLÉGRAPHES et TÉLÉPHONES
Passage de la Poste, entre le Parc et l'Eglise Saint-Louis

Postes : Bureaux ouverts de 7 h. du matin à 21 h., sauf les dimanches et jours fériés, où les guichets postaux ferment à 10 h. du matin.

Bureau auxiliaire A., rue de Paris, 36.

Bureau auxiliaire B., rue Lardy, à l'entrée du Parc.

DISTRIBUTION DES COURRIERS

1re *Distribution à 7 h. 30* : Correspondance de Paris, de Lyon, du Centre et de l'Etranger.

2e *Distribution à 8 h. 30* : Correspondance du Midi, Bordeaux, Sud-Ouest, Espagne, Portugal.

3e *Distribution à 12 h. 30* : Correspondance du Centre et du Sud-Est.

4e *Distribution à 16 h. 30* : Correspondance de Paris et de toutes les origines.

5e *Distribution à 18 h.* : Correspondance de Lyon, Saint-Etienne, Clermont, Vierzon et le Centre.

DÉPARTS DES COURRIERS

8 h. 40 — Paris et les au-delà, Lyon, Clermont, Roanne.
13 h. 15 — Montluçon, Clermont à Nimes, Lyon, Dijon.
16 h. 25 — Saint-Etienne, Lyon, Marseille, Nice, Ambert.
18 h. 35 — Bordeaux, Nantes, Tours, Le Mans.
21 h. » — Paris, Etranger et toutes les destinations.

Levée des Boîtes en Ville : 7 h. 35, 12 h. 02, 18 h. 52.
La Boîte installée rue Cunin-Gridaine, à l'entrée du Passage de la Poste, se lève comme celles du Bureau, c'est-à-dire : à chaque départ de courrier.

Interprètes pour l'*Anglais*, l'*Espagnol*, l'*Italien*, l'*Allemand*.

Télégraphe : Ouvert de 7 h. à 24 h. du 15 Mai au 15 Octobre.
Les dimanches et jours fériés le service télégraphique se ferme à 21 h.

On accepte les lettres télégrammes, sous la réserve qu'elles ne sont transmises qu'entre 21 et 24 h.

Téléphone : Ouvert dans les mêmes conditions que le télégraphe. Deux cabines téléphoniques.

CERCLES

Cercle du Casino, au Casino.

Cercle des Sports, à l'Elysée Palace.

Automobile-Club, rue de Nimes, 82.

CONSULATS

Brésil — M. le Docteur Deléage ✪, vice-consul, *25, boulevard National.*

Costa-Rica — M. le Docteur Sollaud ✶, vice-consul, *rue Callou, 5.*

Espagne — M. le Docteur Charnaux, vice-consul, *rue Lucas.*

Grèce — M. le docteur Hermann Cara Georgiadès, O. I. ✪, *villa Meryem, 17, rue de l'Etablissement.*

Guatémala — M. le Docteur Rajat, chancelier du vice-consulat de Perse, *26, rue de l'Etablissement.*

Mexique — M. le Docteur Sollaud ✶, consul, *5, rue Callou.*

Nicaragua — M. le Docteur Parturier, consul, *villa des Turquoises, avenue des Cygnes.*

Pérou — M. Cotar, docteur, vice-consul, *34, rue de l'Etablissement.*

Perse — M. Castelnau, vice-consul ; M. le Docteur Rajat, chancelier du vice-consulat, *26, rue de l'Etablissement.*

Portugal — M. le Docteur Deléage ✪, vice-consul, *25, boulevard National.*

République Argentine — M. le Docteur Therre ✶, vice-consul, *rue du Pont.*

Russie — M. le Docteur de Lalaubie ✶, vice-consul, *boulevard National.*

Turquie — M. le Docteur Nigay ✪, vice-consul, *passage de la Poste.*

Venezuela — M. le Docteur Parturier, consul, *villa des Turquoises, avenue des Cygnes.*

Le Théâtre du Casino

LES DISTRACTIONS

LES THÉATRES

Vichy n'offre pas seulement à ses visiteurs des eaux universellement appréciées et les établissements balnéaires les plus confortables du Monde; il leur procure encore toute une série de distractions d'une extrême variété.

Nous parlerons, dans un chapitre spécial, des manifestations sportives qui se déroulent à Vichy de mai à septembre, et qui, grâce aux efforts du Syndicat d'Initiative, ont acquis une très grande importance.

Au point de vue théâtre, on peut dire que toutes les formes de cet art sont offertes au public, depuis le grand opéra et les magnifiques auditions symphoniques jusqu'au modeste Guignol Lyonnais, en passant par le théâtre de genre, la comédie moderne, l'opérette pimpante, la revue aux couplets mordants, l'attraction genre Folies-Bergère, et le populaire cinéma.

LE GRAND CASINO

Le *Casino de la Compagnie Fermière*, auquel de très heureuses transformations ont été apportées récemment, est le centre des grandes réunions mondaines. On peut admirer la *salle des fêtes*, où sont donné des bals de haute tenue mondaine ; le délicieux *salon de correspondance Louis XIV*, décoré de fresques de Girardet ; le *hall*, immense, au dôme lumineux, qui sert de foyer au *théâtre*, superbe salle de 1.400 fauteuils confortables, avec une scène où évoluent à l'aise deux cents artistes et figurants ; les *salons de lecture* et *de conversation;* la *salle de jeux*, installée dans l'ancien théâtre, avec ses énormes lustres qui ont l'air de tiares bysantines renversées ; et *la terrasse*, où l'on dîne en plein air, en face du Parc et de la Restauration, le grand café qui offre un agréable abri aux joueurs de billard, de jacquet ou d'échecs.

Au point de vue artistique, le *Théâtre du Casino* qui est placé sous la direction de M. E. Rachet, peut rivaliser aisément avec les plus grandes scènes de France. L'ensemble de la campagne dernière y a été particulièrement brillant, et nous ne saurions donner, des attractions théâtrales et musicales du Casino, un aperçu plus précis qu'en énumérant les spectacles et concerts applaudis au cours de la Saison 1913 :

Dans la troupe lyrique, dirigée par M. Péron, régisseur-général, nous relevons les noms de MM. Fontaine, Journet, Swolf, Delmas, Albers *(de l'Opéra);* Allard *(de l'Opéra-Comique);* Lapelletrie *(du Théâtre des Champs-Elysées);* Mérina, Trantoul, etc. ; de Mmes Demougeot, Delna, Marchal, Baylac, Mancini, Delisle, Kousnezoff, Campredon *(de l'Opéra);* Raveau, Bourgeois, Cesbron, Thévenet, Lambert-Wuillaume, de Lafory *(de l'Opéra-Comique);* Chais-Bonheur *(du Métropolitan-Opéra de New-York);* Heldy, Lili Dupré *(de la Monnaie)*, etc., qui assurèrent le succès du répertoire suivant :

Guillaume Tell — *Sigurd* — *Faust* — *Thaïs* — *Samson et Dalila* — *Lohengrin* — *Roméo et Juliette* — *Les Barbares* — *L'Etranger* (orchestre conduit par le Maître Vincent d'Indy) — *Lakmé* — *La Vie de Bohême* — *Werther* — *Orphée* — *Manon* — *La Vivandière* — *Carmen* — *L'Attaque du Moulin* — *Mireille* — *Phryné* — et *le Déluge* (audition au *Concert Classique*).

Le corps de ballet, dirigé avec une grande maîtrise par M. Soyer de Tondeur, fit applaudir les ouvrages suivants :

La Ronde des Saisons — *Le Joueur de Flûte* — *Djaly* (ces trois ballets création à Vichy); — *Javotte* — *Coppélia* — *Le Sylphe*. Danseuse étoile, Mlle Thérèse Cerny *(de la Monnaie)*.

Casino de la Compagnie Fermière

Dirigé par M. Amalou *(de la Gaîté Lyrique)*, l'orchestre a contribué, par son ensemble merveilleux, au succès des Représentations Lyriques.

Dans la troupe de comédie, dirigée par son administrateur, M. Barbier, directeur de la scène, nous relevons les noms suivants : Mmes Marie Lestat, André Méry, Suzanne Desprès, Jane Borgos, Vasse, Renée Vilhems, etc. ; MM. de Féraudy, Brasseur, Dumeny, Victor Boucher, Barbier, Colin, Oudard, Hébert, etc.

Le répertoire, très varié, comprenait : *L'Amour Veille — Primerose — Le Chemineau — La Flambée — Froufrou — Divorçons — Zaza — Le Coup de Fouet — La Robe Rouge — Mlle Josette, ma Femme — Triplepatte — Le Lion Amoureux.* — Comme créations à Vichy : *Aimé des Femmes — L'Idée de Françoise — Petite Peste — Les Petits — Le Secret — La Peur d'Aimer — La Part du Feu.*

Nous devons ajouter à cette liste : *Le Demi-Monde — Tartuffe — Les Précieuses Ridicules — Le Monde où l'on s'ennuie — Bagatelle — Les Affaires sont les Affaires*, pièces qui furent données, en représentations, par les sociétaires et pensionnaires de la Comédie-Française.

Avec un programme aussi éclectique, il y avait de quoi contenter même les plus difficiles, et M. Rachet, directeur artistique, a droit à toutes les félicitations.

Quant aux concerts, qui ne sont pas les moindres des attractions si nombreuses et si variées du Casino, leur succès a été à la hauteur de la réputation de l'admirable orchestre que conduit M. Ph. Gaubert, sous-Directeur des Concerts du Conservatoire de Paris.

A toutes ces attractions artistiques, il faut ajouter encore les séances de musique de chambre, les festivals, avec les artistes de l'Opéra et les chœurs, dans le cadre féerique des terrasses illuminées, les petites matinées du grand hall, les concerts du Parc : toutes manifestations suivies par un public assidu.

CASINO DES FLEURS

Le *Casino des Fleurs* (ancien *Eden-Théâtre*) a, dès son ouverture, conquis tous les suffrages par la gaité, la diversité, l'élégance de ses spectacles, ainsi que par son installation, la mieux conçue, la plus moderne et la plus confortable. C'est, à l'heure actuelle, le rendez-vous de tous ceux qui cherchent, dans un cadre infiniment souriant, les distractions les plus variées.

De midi à minuit les spectacles, savamment élaborés pour la joie de tous, s'y succèdent d'une façon ininterrompue.

Après le concert tzigane, qui procède à l'ouverture de l'Etablissement, c'est une matinée de concert et de music-hall donnée dans le jardin, sur la scène en plein air. Puis, à trois heures et demie, — pour les tout petits — le Guignol et ses farces, les fêtes enfantines ; et enfin, à quatre heures, le Thé-Tango, inauguré si brillamment l'an dernier, avec les plus séduisants couples de danseurs des grands établissements de Paris.

Le soir, deux spectacles : au théâtre, des comédies-vaudevilles jouées par les vedettes des grands théâtres de Paris et par toute une troupe de premier ordre ; au jardin, un spectacle d'attractions et de cinéma chaque jour renouvelé.

Enfin, comme rien n'a été négligé par la prévoyante direction de ce bel établissement, de grandes fêtes de nuit, des galas où se presse l'élite de la société de Vichy, sont organisés toutes les semaines.

Des salles de jeux et, notamment, une grandiose salle de baccara, un café glacier, des salons de lecture où parviennent à toutes minutes les dernières nouvelles du monde entier : bref, tout ce que peut solliciter le public élégant de la Reine des Villes d'Eaux a été prévu et installé au Casino des Fleurs, avec le plus grand souci de bon ton et de confort.

CASINO DE L'ÉLYSÉE PALACE

Sous l'habile direction de M. Roubot, ce coquet et élégant établissement, situé rue de Nimes, a conquis la faveur du Public avec ses attractions variées.

La salle de spectacle, véritable bonbonnière, peut soutenir avantageusement la comparaison avec celles des premiers music-halls de Paris.

Chaque année, de grandes Revues y sont données ; celle de la saison dernière, commandée à des revuistes en renom : MM. Boyer et Bataille, deux spécialistes du genre, fut, comme ses devancières, un succès qui dura toute la Saison. Des interprètes choisis parmi les grandes vedettes parisiennes, des décors et des costumes éblouissants, de l'esprit à profusion, tout cela permet de constituer des représentations très suivies, très amusantes — et une cure merveilleuse pour les hypocondriaques.

Magnifique restaurant de jour et de nuit, café glacier, jardin avec concert vocal et instrumental, salle de jeu.

CASINO KURSAAL DU JARDIN DE VICHY

Mérite bien son nom de *Palais des Lumières* par la profusion de ballons électriques et de guirlandes lumineuses qui le décorent et répandent des torrents de clarté. Comme élégance, l'établissement est un des modèles du genre : 1200 personnes peuvent assister au spectacle, très confortablement assises, dans la salle aérée par un plafond mobile.

A ce *spectacle de famille*, ainsi dénommé pour la correction apportée par le directeur, M. Liprandi, à la composition des programmes, le public voit défiler sur la scène les attractions les plus réputées et des chanteurs et chanteuses à voix qui se font applaudir dans des répertoires sérieux. Un cinéma donne chaque soir des films inédits. L'ensemble forme un spectacle auquel tout le monde peut assister.

GUIGNOL LYONNAIS

Au petit théâtre de la place Saint-Louis, où chaque soir *Guignol* rosse comme il convient le commissaire, et *Gnafron*, au nez rutilant, vide d'innombrables bouteilles, beaucoup de spectateurs viennent passer d'agréables moments et applaudir les vers mirlitonnesques des parodies d'opéra... C'est la joie des enfants... et aussi des parents.

CINÉMATOGRAPHES

Les Cinématographes abondent à Vichy et font défiler devant le public les événements de la toute dernière actualité.

Parmi les plus perfectionnés, citons ceux de la Restauration, de la rue Sornin, de la rue de Nimes, du Casino des Fleurs, du Jardin de Vichy, de l'Elysée Palace, du Parc Lardy.

Salle de lecture du Grand Casino

Fresque de Girardet

Pavillon du Golf

La Vie Sportive

Les Sports de tous genres sont en grand honneur à Vichy. L'*Aéro-Club de Vichy* (aéronautique), le *Comité des Sports* (lawn-tennis), le *Comité du Golf*, l'*Avenir de Vichy* (Gymnastique), la *Société de Tir*, l'*Aviron Vichyssois*, le *Club Nautique*, le *Vélo-Sport*, les *Pêcheurs à la Ligne*, les *Joueurs de Boules*, l'*Union Cycliste Vichyssoise*, la *Vaillante* (escrime), l'*Union Sportive*, la *Société du Tir aux Pigeons*, la *Société Hippique Française*, la *Société des Courses*, donnent, pendant la Saison, des fêtes et des concours dont les Sociétés artistiques : l'*Harmonie Municipale*, la *Société Musicale*, l'*Union Chorale*, la Société de Trompes *La Saint-Hubert*, viennent rehausser l'éclat.

Aussi avons-nous un programme sportif très complet, tel que nulle autre ville d'eaux ne pourrait en présenter.

COURSES DE CHEVAUX

Organisées par la *Société des Courses de Vichy*, sous la présidence de M. le vicomte d'Harcourt, elles sont fréquentées par les premiers éleveurs et les plus illustres sportsmen, qui envoient leurs chevaux favoris lutter sur le magnifique hippodrome de Bellerive, situé sur la rive gauche de l'Allier, l'un des mieux aménagés de France, à tous les points de vue.

D'une manière générale, les courses ont lieu du 20 Juillet au 15 Août et comportent environ 300.000 francs de prix, dont le *Grand Prix de Vichy* de 100.000 francs.

CONCOURS HIPPIQUE

Organisé par la *Société Hippique Française*, le Concours Hippique de Vichy, présidé par M. le baron de Neuflize, comprend toute la région du sud-est, soit 26 départements. C'est, après celui de Paris, le plus important de toute la France. Belle piste, vastes tribunes, 300 box pour les chevaux.

Le Concours Hippique a généralement lieu du 20 Juin au 10 Juillet. Il comporte cette année 106.532 francs de prix.

CONCOURS DE CHEVAUX DE SELLE

Un unique Concours de Chevaux de selle se tenait, jusqu'à l'année dernière, à Dublin (Irlande.) En présence de l'importance de cette réunion sportive, la *Société Hippique Française* a eu l'idée d'en créer une semblable sur le continent européen, et, à ce sujet, a fait des propositions à la Ville de Vichy, qui s'est empressée d'accepter.

Ce Concours, qui est le rendez-vous de tous les éleveurs, constitue pour notre Station Thermale une attraction de tout premier ordre, et l'ouverture en a lieu aussitôt après le Concours hippique. Il comporte 59.584 francs de prix.

TIR AUX PIGEONS

La *Société de Tir aux Pigeons* possède, sur la rive gauche de l'Allier, en face des Célestins, un stand d'une superficie de près de 40.000 mètres, clos de murs. Chaque année, du 1er Juillet au 25 Août, la Société organise deux périodes de Concours qui réunissent un grand nombre des meilleurs tireurs de France et de l'étranger.

Indiquons encore aux amateurs le *Tir aux Pigeons artificiels (Ball-Trapp)*, installé également à Bellerive, route d'Hauterive, à côté du Pont.

LE GOLF

Situé sur les bords de l'Allier, en face des Nouveaux Parcs. On peut s'y rendre soit à pied, par la passerelle des Courses, soit par canot automobile, en trois minutes, soit enfin en voiture, par la route de Bellerive.

Il embrasse une étendue totale de 24 hectares, recouverte d'une verdoyante pelouse très soignée et agrémentée de rivières à eau courante.

Le jeu comprend dix-huit trous, avec un parcours total de 4427 yards (4 kil. 36).

1ᵉʳ trou : 165ᵐ 180	7ᵉ trou : 194ᵐ 212	13ᵉ trou : 204ᵐ 223
2ᵉ trou : 222ᵐ 242	8ᵉ trou : 102ᵐ 110	14ᵉ trou : 187ᵐ 204
3ᵉ trou : 272ᵐ 299	9ᵉ trou : 308ᵐ 336	15ᵉ trou : 264ᵐ 288
4ᵉ trou : 301ᵐ 331	10ᵉ trou : 195ᵐ 211	16ᵉ trou : 181ᵐ 198
5ᵉ trou : 150ᵐ 164	11ᵉ trou : 255ᵐ 298	17ᵉ trou : 396ᵐ 420
6ᵉ trou : 385ᵐ 421	12ᵉ trou : 120ᵐ 132	18ᵉ trou : 145ᵐ 158

Le trou n° 1 part d'un élégant chalet qui comprend, en plus des vestiaires et magasins nécessaires au Golf, un vaste hall avec buffet et bar américain.

A côté du Club-House, un Putting-Green et des jeux de croquet.

Le terrain du Golf est ouvert de 7 h. 1/2 du matin au coucher du soleil.

LAWN-TENNIS

Le *Comité des Sports du Casino de Vichy* possède 6 Courts de Tennis dans les Nouveaux Parcs, avec salons, bar, cabines et salles de douches. — Les tennis sont ouverts de 7 à 19 h., du 1ᵉʳ Mai au 30 Septembre.

JEUX DE BOULES

Place de la Marine, en allant aux Célestins. Un Concours des plus renommés, qui a lieu en Septembre, met aux prises les principales quadrettes françaises.

STAND

Le *Stand de Vichy* est situé à 100 mètres en aval de la passerelle des Courses. De construction récente, et inauguré en 1913 par M. René BESNARD, Ministre du Travail, visité par M. ETIENNE, Ministre de la Guerre, il est ouvert tous les jours à tous les tirs de chasse : Ball-trapp, Lièvres et Sangliers. On y pratique le Tir au fusil Lebel à longue portée, le Tir au pistolet de combat et au revolver.

LES COURSES DE TAUREAUX

La *Plazza* de la rue de la Glacière contient plusieurs milliers de places. En Juillet et Août, il y a des *corridas de muerte* de cinq ou six taureaux. Les plus fameuses *Spadas* d'Espagne y cueillent de sanglants trophées, aux acclamations des *aficionados*, très nombreux à Vichy.

RÉGATES INTERNATIONALES

Organisées, sur le lac d'Allier, par l'*Aviron Vichyssois*, en Juillet.

COURSES VÉLOCIPÉDIQUES

Organisées, par le *Vélo-Sport*, au milieu d'Août. Grandes *Courses internationales*, où figurent les plus célèbres champions, sur la belle piste du Concours Hippique, avec virages relevés. Prix importants.

COURSES NAUTIQUES

Organisées par le *Club Nautique*. En août, joutes nautiques, water-polo, jeux divers, plongeons.

PÊCHE

L'Allier est très poissonneux ; aussi les pêcheurs à la ligne sont-ils légion ; et c'est un curieux spectacle de voir la passerelle et ses alentours parsemés d'une multitude de chevaliers de la gaule. Les ruisseaux voisins, le Sichon, le Jolan, qui viennent des Malavaux et de l'Ardoisière, sont peuplés de truites excellentes.

TOURNOI D'ÉPÉE

Dans la première quinzaine de Juillet a lieu à Vichy le *Tournoi d'Epée* organisé par la Société *La Vaillante*. Pour tous renseignements écrire à M. Chaput, Président de la Société, rue de Ballore, 60, à Vichy.

ROWING

Entre le Pont et la Passerelle, l'Allier forme un superbe lac d'un kilomètre de long sur 300 mètres de large. Rien de plus agréable que de louer un bateau et de s'y promener paisiblement, sans fatigue, car le courant est presque nul. On trouve, près du Pont, des bateaux à louer à des prix très modérés.

AVIATION

Un vaste aérodrome parfaitement aménagé, avec tribunes, hangars, buffet, pavillons, etc., a été créé en 1909 sur les grèves de l'Allier, à 1 kilomètre en amont de Vichy. Par décision du Ministre de la Guerre, cet aérodrome a été classé comme Station militaire, et les escadrilles de l'Armée font escale à Vichy au cours de leurs voyages.

TOURNOI DE BILLARD

Chaque année, dans la deuxième quinzaine d'août, a lieu, à *la Restauration*, un intéressant *Tournoi de billard*, auquel sont convoqués tous les amateurs présents à Vichy.

Des prix importants sont distribués aux vainqueurs de chaque catégorie.

CONCOURS DE JACQUET ET TOURNOI D'ÉCHECS

La Restauration organise également, vers la fin du mois d'août, un *Concours de Jacquet* et un *Tournoi d'Echecs* qui réunissent toujours un grand nombre d'amateurs.

Vue sur la Côte St-Amand

PROMENADES & EXCURSIONS

PROMENADES EN VOITURE ET EN AUTOMOBILE

1. **De Vichy à la Montagne Verte** (sortie par la rue de Ballore), 8 k^{es}.
2. **De Vichy aux Malavaux** (par la rue de Paris et la route de Cusset), 14 k^{es}.
3. **De Vichy à Saint-Yorre** (par la rue de Nîmes), 9 k^{es}. **Busset**, 4 k^{es}. **L'Ardoisière**, 6 k^{es}. **Vichy**, 10 k^{es}. — Total : environ 30 k^{es}.
4. **De Vichy à Saint-Germain** (par la rue de Paris et la route de Cusset), 13 k^{es}. **Billy**, 4 k^{es}. **Marcenat**, 3 k^{es}. **Saint-Rémy**, 5 k^{es}. **Charmeil**, 3 k^{es}. **Vichy**, 7 k^{es}. — Total : environ 35 k^{es}.
5. **De Vichy à Randan** (par le Pont de Vichy), 14 k^{es}. **Maulmont**, 6 k^{es}. **Pont de Ris**, 5 k^{es}. **Saint-Yorre**, 6 k^{es}. **Vichy**, 9 k^{es}. — Total : environ 40 k^{es}.
6. **De Vichy à Saint-Yorre** (par la rue de Nîmes), 9 k^{es}. **Châteldon**, 13 k^{es}. **Lachaux**, 9 k^{es}. **Ferrières**, 14 k^{es}. **L'Ardoisière**, 14 k^{es}. **Cusset**, 7 k^{es}. **Vichy**, 3 k^{es}. Route ondulée et dure : 7 o/o. Très pittoresque. — Total : environ 65 k^{es}.
7. **De Vichy à Saint-Gérand-le-Puy** (par la rue de Paris et la route de Cusset), 22 k^{es}. **Varennes**, 13 k^{es}. **Pont de Chazeuilles**, 6 k^{es}. **Saint-Pourçair.**, 9 k^{es}. **Vichy**, 29 k^{es}, (par la forêt de Marcenat). — Total : environ 80 k^{es}.
8. **De Vichy à La Palisse** (par la rue de Nîmes et la route de Cusset), 25 k^{es}. **Montaiguet**, 15 k^{es}. **Sail-les-Bains**, 13 k^{es}. **Saint-Martin-d'Estreaux**, 8 k^{es}. **La Palisse**, 17 k^{es}. **Vichy**, 25 k^{es}. — Total : environ 105 k^{es}.

9. **De Vichy à Puy-Guillaume** (par la Rue de Nîmes), verrerie, 22 k^{es}. **Thiers**, 16 k^{es}. **Saint-Rémy**, 9 k^{es}. **Saint-Victor**, 13 k^{es}. **Lachaux**, 11 k^{es}. **Ferrières**, 9 k^{es}. **Vichy**, 25 k^{es}. Route montueuse. Très pittoresque. — Total : environ 105 k^{es}.

10. **De Vichy à Gannat** (par le Pont de Vichy), 19 k^{es}. **Rouzat** (Pont de). **Ebreuil**, 11 k^{es}. Le Pont de **Menat** (gorges de la Sioule), 17 k^{es}. Prendre à droite la route de **Servan** (la Lisolle), **Saint-Bonnet-de-Rochefort** (Pont Eiffel), 26 k^{es}. **Gannat**, 13 k^{es}. **Vichy**, 19 k^{es}. — Total: environ 105 k^{es}.

11. **De Vichy à Effiat** (par le Pont de Vichy), 22 k^{es}. **Châtelguyon**, 48 k^{es}. Retour par Gannat. — Total : environ 100 k^{es}.

12. **De Vichy à Randan** (par le Pont de Vichy), 14 k^{es}. **Maringues**, 14 k^{es}. **Pont-du-Château**, 16 k^{es}. **Clermont-Ferrand**, 15 k^{es}. **Riom**, 17 k^{es}. **Gannat**, 26 k^{es}. **Vichy**, 19 k^{es}. — Total: environ 121 k^{es}.

13. **De Vichy à Ferrières** (par la Rue de Paris et la Route de Cusset), 25 k^{es}. **Saint-Priest-Laprugne**, 17 k^{es}. **Rocher de Rochefort** (1.076 m. d'alt.), panorama grandiose, 15 k^{es}. **Saint-Alban**, 17 k^{es}. **Renaison** (barrage de la Tache à 4 k^{es}), **Croix-du-Sud**, 12 k^{es}. **Châtelmontagne**, 18 k^{es}. **Vichy**, 25 k^{es}. — Total : environ 140 k^{es}.

14. **De Vichy à Gannat** (par le Pont de Vichy), **Ebreuil**, Pont de **Menat**, **Châteauneuf-les-Bains**, 60 k^{es}. **Manzat**, 13 k^{es} (viaduc des Fades). **Chatelguyon**, 24 k^{es}. **Riom**, 6 k^{es}, **Aigueperse**, 18 k^{es}. **Vichy**, 23 k^{es} (par la forêt de Montpensier). — Total : environ 135 k^{es}.

15. **De Vichy à Thiers** (par la Rue de Nîmes), 37 k^{es}. **Noirétable**, 26 k^{es}. **St-Just-en-Chevalet**, 18 k^{es}. **Laprugne**, 18 k^{es}. **La Chabanne, Mayet-de-Montagne**, 20 k^{es}. **Vichy**, 25 k^{es}. — Total: environ 145 k^{es}.

16. **De Vichy à Saint-Pourçain** (par le Pont de Vichy), 29 k^{es}. **Montmarault**, 30 k^{es}. **Montluçon**, 31 k^{es}. **Néris-les-Bains**, 9 k^{es}. **Montaigu**, 18 k^{es}. Pont de **Menat**, 16 k^{es}. **St-Pardoux**, 10 k^{es}. **Combronde**, 13 k^{es}. **Aigueperse**, 12 k^{es}. **Vichy**, 23 k^{es}. - Total : environ 190 k^{es}.

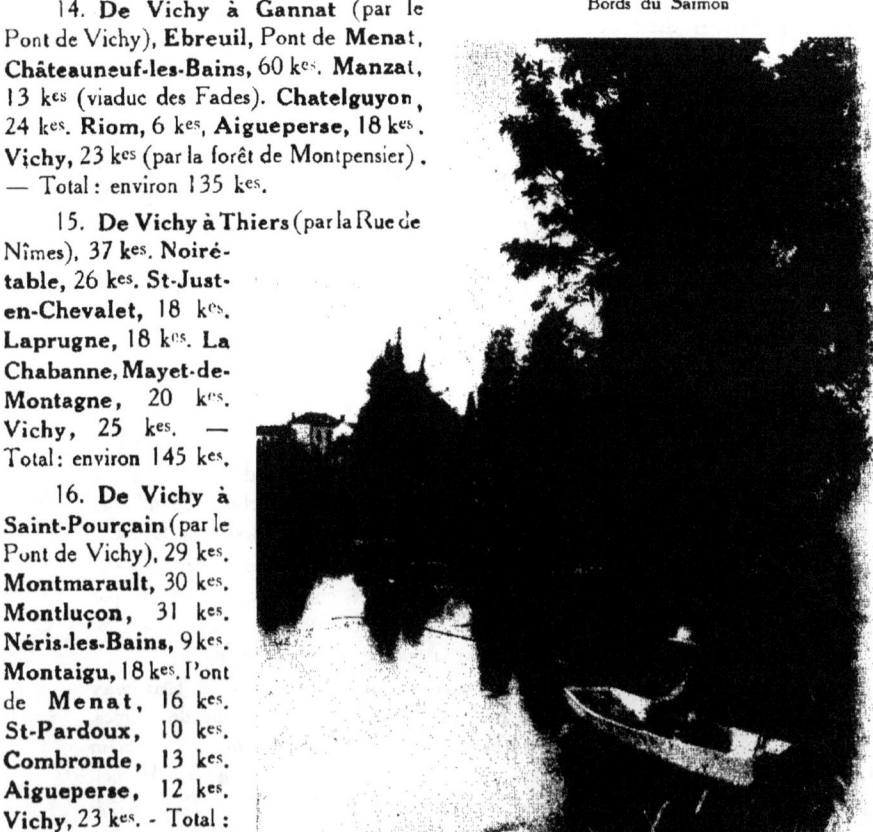

Bords du Sarmon

17. **De Vichy à Clermont-Ferrand** (par le Pont de Vichy), 60 k^es. **Randannes**, 22 k^es. **Mont-Dore** (route très pittoresque, lacs et rochers remarquables), 28 k^es. **La Bourboule**, 7 k^es. **Rochefort-la-Montagne** (route très dure, 10 %), 22 k^es. **Col de la Moreno** (1.200 m. d'alt.), 19 k^es. **Clermont**, 16 k^es. **Vichy**, 60 k^es. Circuit de la Coupe Gordon-Bennett, très dur, 11 %. — Total : environ 240 k^es.

18. **De Vichy à Molles** (par la Rue de Paris et la Route de Cusset), **Roffin**, **Mayet-de-Montagne**, 25 k^es, **Ferrières**, 7 k^es, **Saint-Rémy** (col de la Plantade, Puy Sinêtre, 1,223 mètres, Puy du Montoncel), 40 k^es, **Thiers**, 19 k^es **Vichy**. Excursion très pittoresque. Route très dure, 9 %. — Total : environ 120 k^es.

19. **De Vichy au Puy-de-Dôme**, 60 k^es. **Col de Ceyssat** et retour. Très dure de Clermont, 11 % — Total : environ 132 k^es.

20. **De Vichy au Château de Tournoël** (ruines, par **Riom**), 45 k^es, **Volvic**, 10 k^es, **Tournoël**, 2 k^es, et retour. — Total : environ 115 k^es.

PROMENADES A PIED

1. - **Charmeil, avec retour par Pinasson** (11 k^es environ). — Traverser l'Allier sur la Passerelle, et le Champ de Courses ; en arrivant à la jonction de la route de Charmeil, tourner à droite et marcher droit devant soi jusqu'au poteau indicateur de la route de Cusset. Prendre cette route, traverser l'Allier sur le Pont Boutiron, monter la côte jusqu'à Pinasson, et tourner à droite pour rentrer à Vichy.

2. - **Champ de Courses, avec retour par Bellerive et la Ferme Modèle** (6 k). — Traverser l'Allier sur la Passerelle, puis le Champ de Courses. En arrivant à la jonction de la route de Charmeil, tourner à gauche jusqu'à la Source Boussanges, puis tourner à droite et monter une côte un peu rapide, qui mène à l'église de Bellerive. Prendre le chemin de la Ferme Modèle, presque face à l'église, passer à gauche devant cette Ferme et rentrer à Vichy par le Pont.

3. - **Pinasson, Creuzier, Rhue, Boutiron et Vichy** (12 k^es). — Partir par la rue de Ballore, et marcher droit devant soi jusqu'à l'église de Creuzier. Tourner à gauche, descendre et remonter le ravin situé derrière l'église ; arrivé au point de jonction des deux routes, tourner à gauche et marcher droit devant soi jusqu'au Pont Boutiron. Rentrer à Vichy par le hameau du Pin.

4. - **Pinasson, Cusset, et retour par la vieille route** (7 k^es). — Partir par la rue de Ballore, marcher droit devant soi jusqu'à Pinasson. Tourner à droite, descendre jusqu'à Cusset. Traverser Cusset jusqu'au delà du Pont de la Mère, sur le Sichon. Prendre la vieille route, face au Pont, et rentrer à Vichy par la Passerelle située au-dessus de la Gare.

5. - **Abrest** (6 k^es). — Suivre le Boulevard de la Salle en totalité ou le Nouveau Parc des Bourins ; passer devant l'usine de la prise d'eau et continuer tout droit, par un chemin ombragé, jusqu'au pied du village d'Abrest. Monter dans ce village en traversant un passage à niveau et rentrer à Vichy par la grande route nationale.

6. - **Route d'Abrest, Cusset par Puy-Besseau, et retour par le tramway** (6 ou 9 k^es, suivant qu'on utilise ou non le tramway). — Partir par la rue de Nîmes, traverser le passage à niveau et suivre la route jusqu'à la rencontre du poteau indicateur de la route de Cusset ; prendre cette route qui monte à mi-côte de la colline du Vernet, traverser le hameau de Puy-Besseau, rentrer à Cusset par le Pont de la Mère. Revenir par le tramway ou rentrer à pied par la route ordinaire ou la vieille route.

7. - Le Vernet et Cusset (8 k^es). — Partir par la rue de Nîmes. Traverser le passage à niveau, tourner à gauche, monter la côte des Garets et marcher droit devant soi jusqu'à la rencontre du poteau indicateur de la route du Vernet. De ce poteau au Vernet, 1.500 mètres de côte assez dure, puis 3 k^es de descente jusqu'à Cusset, par Barentan. A Cusset, prendre le tramway pour rentrer à Vichy.

8. - La Montagne Verte et retour par Cusset (de 5 à 6 k^es). — Partir par la rue de Ballore, qui conduit directement à la route de Creuzier. Arrivé dans ce village tourner à droite, monter à la Montagne Verte (belvédère, vue splendide), descendre sur la route de Cusset par un sentier. A Cusset, prendre le tramway pour rentrer à Vichy.

9. - Champ-Roubeau et retour par Bellerive (de 5 à 6 k^es). — Traverser l'Allier sur la Passerelle, le Champ de Courses, la route de Charmeil, et grimper par un petit sentier longeant un château sur la gauche, jusqu'à ce que l'on arrive sur le plateau de la route de Gannat. Rentrer à Vichy par la route nationale, Bellerive et le Pont.

10. - Les Malavaux. — Prendre le tramway jusqu'à Cusset. Monter le faubourg Saint-Antoine. 8 k^es aller et retour jusqu'à Cusset.

Les bons marcheurs pourront rentrer de Cusset par la vieille route, qui prend au Pont de la Mère. Beau point de vue.

Sur les bords de l'Allier

TRAINS DE PLAISIR

Vichy-Gannat-Riom (Châtelguyon), Clermont et Royat. — Train rapide et à prix réduits de toutes classes, le Jeudi.

Départ *vers 11 h. 30, retour à 18 h. 30 ou à 23 h. 30.*

Excursion au Puy-de-Dôme. — Jusqu'à Clermont, où l'on prend à la gare le tramway, puis le chemin de fer qui va jusqu'au sommet du Puy-de-Dôme, où on peut déjeuner au *Restaurant du Temple de Mercure*. En revenant, visiter Royat et Clermont.

Départ *vers 4 h. 30 ou à 7 h. 10.*

Retour : *départ de Clermont vers 15 h. 40 ou à 21 h. 30.*

On peut prendre ses billets d'avance, 17, rue Sornin.

Vichy-Thiers. — Train rapide et à prix réduits de toutes classes, le Mardi.

Départ *vers midi, retour à 18 h.*

CHEMIN DE FER DE VICHY A ROANNE

Cette ligne, nouvellement ouverte, traverse un pays très pittoresque et accidenté. En partant de Vichy, soit à 6 h., soit à 11 h. du matin, on peut visiter *Ferrières* et *Laprugne* et rentrer le soir à Vichy avant 19 h. Trains spéciaux d'excursions.

ENVIRONS DE VICHY

INDEX

L'Ardoisière. — Vallée du Sichon. Cascade du Gour Saillant. Restaurant.

Bellerive. — Source intermittente et Source Boussange. — Le Champ de Courses.

Billy. — Ruines d'un château du XIIIe siècle.

Bourbon-Busset. — Château fortifié du XIVe siècle, appartient à la famille de Bourbon-Busset.

Charmeil. — Château du XVIIIe siècle — Le Pont de Boutiron.

Chateldon. — Château, vieilles maisons, entre autres la Maison Sergentale.

Chouvigny. — Gorges — Châteauneuf — Viaduc des Fades.

Châtel-Montagne. — Eglise romane des VIIIe et IXe siècles, vieilles maisons des XIVe et XVe siècles — Gorges de la Besbre.

Côte Saint-Amand. — Altitude, 430 mètres. Belle vue sur la Limagne, le Puy-de-Dôme, les Monts Dore et le Forez.

Creuzier-le-Vieux. — Ruines du Château de Lauzet.

Cusset. — Maisons très anciennes — Vieille tour servant de prison et datant de Louis XI — Une ancienne abbaye, où l'on a installé les Tribunaux de 1re Instance et de Commerce, la Mairie et le Théâtre — Maisons historiques.

Ferrières. — Les Gorges du Sichon — A quelques kilomètres, les ruines du Château de Montgilbert datant des XIe et XIIe siècles et situé au sommet d'un monticule — La Grotte des Fées, curiosité géologique très intéressante.

Gannat. — Le Château, transformé en prison — L'Eglise Sainte-Croix, du XIe siècle, l'Eglise Saint-Etienne (XIe siècle) — Près de Gannat, le Pont de Neuvial, édifié sur un ravin très profond où coule la Sioule ; et plus loin, à 7 kilomètres de Gannat, le Pont de Rouzat, bâti à 72 mètres de hauteur — Paysage superbe.

Hauterive. — Le Parc et les Sources.

La Palisse. — Eglise romane — Un château, que l'on croit dater du XIIe siècle, restauré depuis, très intéressant à visiter.

Lavoine-Laprugne. — La Chaîne du Montoncel (1450 m. d'altitude) — Gorges de la Besbre — Grand Viaduc des Peux.

Malavaux (les). — Site sauvage et pittoresque — Viaduc du chemin de fer de Roanne.
Marcenat. — Très belle forêt domaniale de 1.070 hectares, belles avenues.
Maulmont. — Château du XVIIe siècle, ancien rendez-vous de chasse de la Famille d'Orléans.
Mayet-de-Montagne. — Belle vallée de la Besbre.
Montagne Verte. — Altitude, 310 mètres ; panorama merveilleux sur les Monts d'Auvergne et du Forez.
Puy-Grenier. — Site boisé.
Randan. — Château, datant du XVIe siècle, propriété de Madame la Comtesse de Paris ; visite du parc les dimanches et jeudis. Sur le parcours, forêt de Montpensier.
Rocher Saint-Vincent. — Très belle vue du sommet, avec table d'orientation.
Saint-Priest-Laprugne. — Dolmen colossal, monuments druidiques — Contrée très pittoresque — Les Bois Noirs — Rocher de Rochefort, avec vue de 200 kilomètres sur la vallée de la Loire.
Saint-Yorre. — Route superbe, ombragée, et offrant sur son parcours de très jolis panoramas sur la vallée de l'Allier.
Thiers. — Altitude, 498 mètres — Maisons anciennes, en bois et en pierres — Château du Piroux (XVe siècle) — Eglises du Moutier et de Saint-Genès — Fabriques de coutellerie — Environs très accidentés — Vue splendide de la Terrasse sur la Limagne d'Auvergne. — Route pittoresque de Ste-Agathe.

Salle de lecture du Grand Casino

Fresque de Girardet

TARIF OFFICIEL DES VOITURES DE PLACE

Courses à l'intérieur de la Ville. — Le jour est compris entre 6 heures du matin et 8 heures du soir
La nuit est comprise entre 8 heures du soir et 6 heures du matin

Les courses à l'heure s'étendent seulement jusqu'aux limites du périmètre de l'octroi.	Voitures			
	à 1 cheval		à 2 chevaux	
	jour	nuit	jour	nuit
1° Courses à l'heure pour visites ou affaires commerciales.........	3 fr.	4 fr.	4 fr.	6 fr.
2° Courses à l'heure sans arrêt, dites promenades..................	5 »	6 »	7 »	8 »
3° Concours hippique...	1 50		2 50	
4° Course de gare ou de ville...................................	1 50	2 50	2 50	3 50
5° Même course aller et retour..................................	3 »	4 »	4 »	5 »

(Pour les courses de gare, les cochers sont tenus de transporter gratuitement les petits colis et valises des voyageurs. Si ceux-ci veulent faire transporter leurs malles, le prix pour la malle est de 0 fr. 50).

Le prix de la première heure est dû intégralement, alors même que le cocher n'a pas été employé pendant l'heure entière. Les heures suivantes se fractionnent et sont payées par demi-heure.

La dernière fraction est aussi due intégralement, bien que la demi-heure n'ait pas été entièrement employée.

COURSES & PROMENADES HORS DE VICHY
(Aller et Retour, repos compris)

DÉSIGNATION DES COURSES & PROMENADES	Heures de Repos	Voitures	
		1 chev.	2 chev.
Stand de Vichy (aller)...		2,50	4
Aérodrome (aller)...		3	5
Golf —		3	5
— (aller et retour)..	1/2	5	8
Tir aux Pigeons (aller)..		3	5
— (aller et retour)..	1/2	5	8
Source intermittente (aller).....................................		3	5
— (aller et retour)..	1	5	8
Source Boussange...	1/2	4	6
Cusset...	1/2	4	5
— (retour par Abrest).....................................	1	7	10
Ma Campagne (route de Charmeil)................................	1/2	5	7
Restaurant de Pinasson..	1/2	5	7
Sources du Dôme...	1/2	5	7
Abrest...	1/2	5	7
La Tour, source Gannat...	1/2	6	8
Hauterive (Parc)..	1	8	10
Côte Saint-Amand...	1	7	10
— (retour par le Vernet et Cusset).........................	1	10	15
Restaurant de Robinson..	1/2	7	10
Charmeil...	1/2	7	10
— (retour par Cusset).....................................	1	12	15
— (retour par Chantegrellet)...............................		9	12
Les Malavaux...	1	8	10
— (retour par les Vaux)...................................	1	16	24
Montagne-Verte...	1	8	12
— (retour par Cusset).....................................	1	10	14
— (retour par Charmeil)...................................	1	12	15
Cimetière de Vichy..	1/2	3	5
Montagne-Verte (retour par Laudemarière et Charmeil).............	1	14	18
— Creuzier-le-Neuf et Cusset...............................	1	16	20
Saint-Rémy-en-Rollat..	1	10	15
— (retour par Vendat).....................................	1	15	18

(Voir la suite Page 81)

Hygiène de la Bouche et de l'Estomac

APRÈS LES REPAS 2 ou 3

Pastilles Vichy-Etat

FACILITENT la DIGESTION

EXIGER LA MARQUE

La Pochette (BONBONNIÈRE DE POCHE) **0 fr. 50**

La Boîte ovale : **2 fr.** — Le Coffret de 500 gr. : **5 fr.**

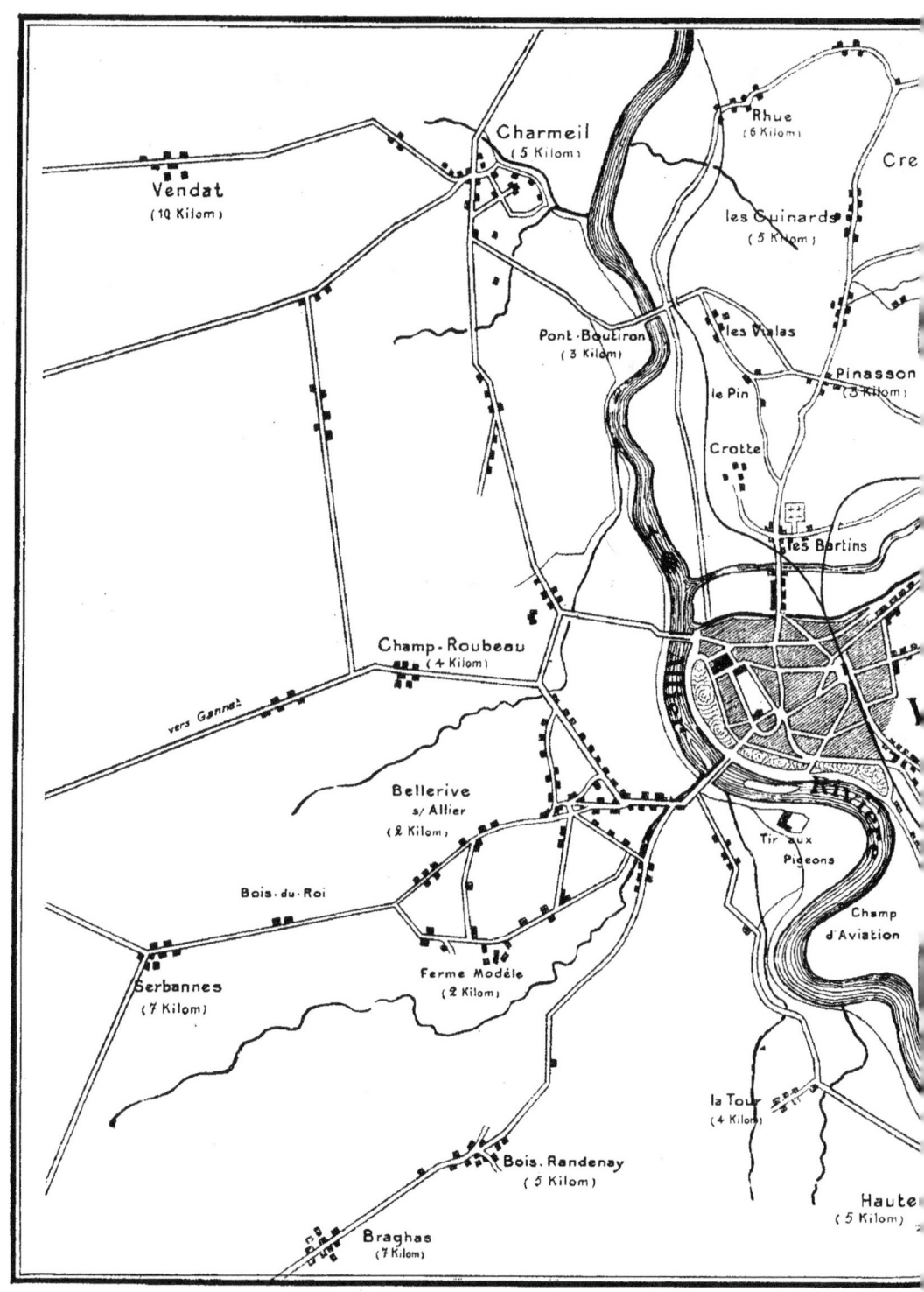

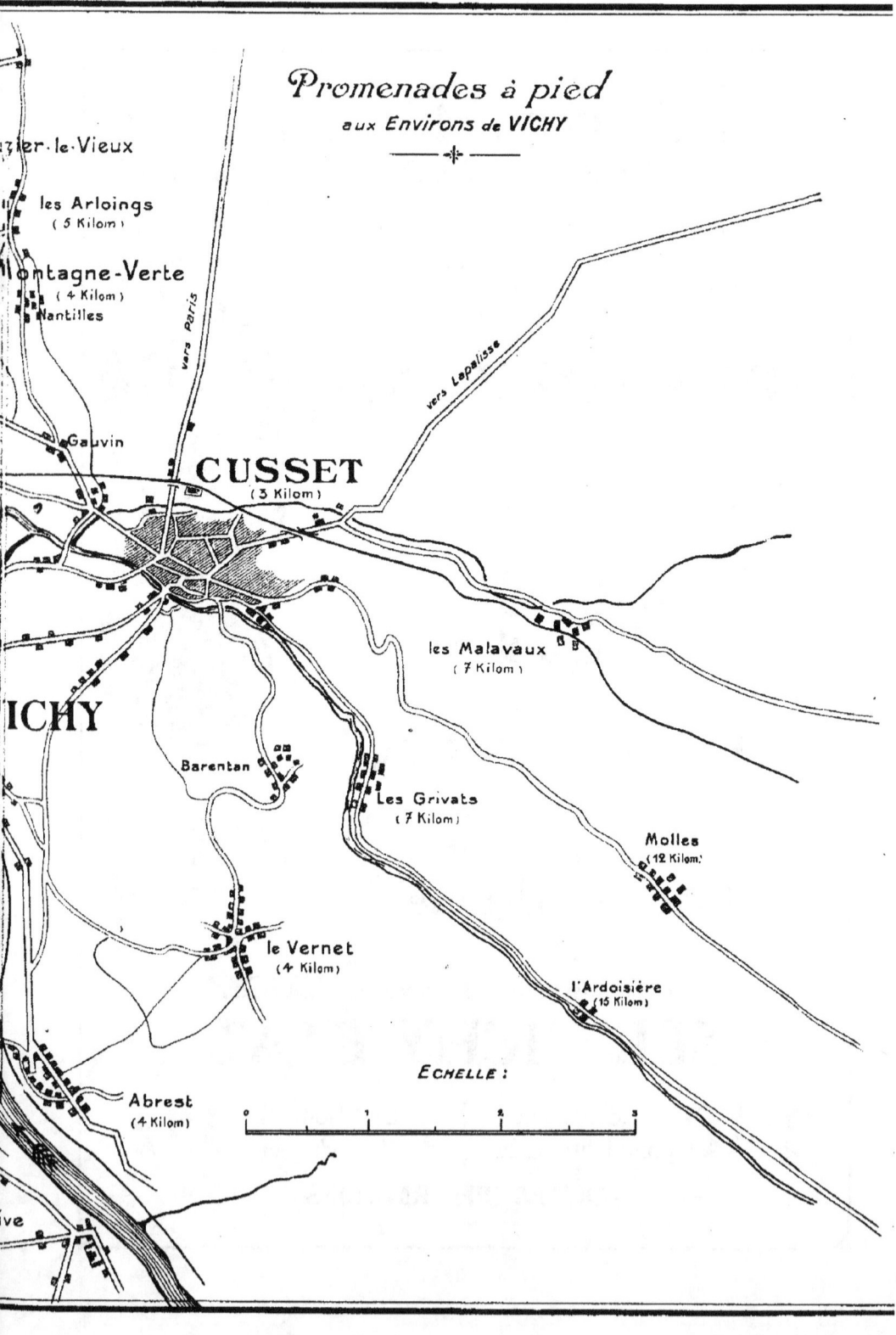

Arthritiques et Rhumatisants
MÉFIEZ-VOUS des POUDRES CHIMIQUES

préparées industriellement et qui n'ont *aucune valeur représentative* des **EAUX MINÉRALES**

— · —

PRÉPAREZ
VOTRE
Eau Alcaline, Diurétique
avec le

SEL
VICHY-ÉTAT

qui *lessive* les reins, l'estomac et l'intestin, **DISSOUT et ÉLIMINE** l'Acide Urique

Ne vous laissez pas tromper et EXIGEZ
SEL VICHY-ÉTAT

0f.10 Le Paquet pour 1 litre d'eau | La Boîte de 12 Paquets **1 fr.**

TOUTES PHARMACIES

DÉSIGNATION DES COURSES & PROMENADES	Heures de Repos	Voitures	
		1 chev.	2 chev.
Puy-Grenier	1	10	15
— (retour Côte du Bois-de-l'Eau)	1	15	20
— — par Charmeil	1	15	20
Saint-Yorre	1	10	14
Château-Robert	1	12	15
Saint-Yorre (retour par le Château de la Poivrière et Hauterive)	1	14	18
Brugheas (retour route d'Effiat)	1	15	20
Cognat-Bois-de-l'Eau	1	12	15
— (retour par la route d'Effiat)	1	15	20
Hauterive (par les Taureaux et Bois-Randenez)	1	14	18
Château du Chaussin	1	12	16
— (retour par le Vernet)	1	15	20
Route de chez Guitton par le bois de Celzat et le poteau de Lapalisse	1	15	20
Mariol	1	15	20
Saint-Germain-des-Fossés	1	15	20
Maulmont	1	18	22
— (retour par le Pont de Ris)	1	22	28
Ris	1	20	25
Effiat	1	20	25
— (retour par Randan)	2	25	35
— — Maulmont	2	28	35
Bourbon-Busset	1	15	20
— (retour par le Vernet)	1	18	24
— — l'Ardoisière	1	20	26
Randan	1	15	20
— (retour par Pragoulin)	1	18	22
— — Maulmont	1	22	28
Promenade de l'Empereur (par les Malavaux et l'Ardoisière)	1	20	28
Molles (par La Bruyère)	1	18	24
Casino de Justices (retour par les Gorges de l'Ardoisière)	1	18	25
L'Ardoisière	1	12	18
Ruines du Château de Billy	1	18	24
— (retour par le Maupas et Saint-Rémy)	2	22	28
Bois du Roi (retour par Randan et Bois Randenez)	1	20	25
Chateldon	2	25	30
Puy-Guillaume	2	25	30
Gannat	2	25	30
Varennes-sur-Allier	2	30	40
Saint-Pourçain-sur-Sioule	2	30	40
Mayet-de-Montagne	2	30	40
Lapalisse	2	30	40
Ferrières	2	30	40
Viaducs de Montluçon (Ponts de Neuvial et de Rouzat)	2	30	40
Mayet-de-Montagne (retour par Ferrières)	3	40	50

COURSES A L'HIPPODROME DE VICHY

	1 chev.	2 chev.
Pour une voiture se rendant à l'Hippodrome des courses situé à Bellerive, sans arrêt	6	10
Pour une voiture prise pendant la durée des courses de la journée	20	30

La carte d'entrée sur l'Hippodrome, s'il en est exigée une pour le cocher, sera à la charge du voyageur.

OBSERVATIONS

Si un cocher, pris pour aller chercher quelqu'un à domicile ou dans un lieu public, est renvoyé sans être employé, il reçoit, à titre d'indemnité de déplacement, le prix d'une course dans Vichy.

Lorsqu'un cocher a été retenu pour aller prendre des voyageurs à domicile et marcher à l'heure, le prix de l'heure lui est dû à partir de son arrivée à la porte de l'habitation.

Si un cocher est pris pour marcher à la petite course de ville et est obligé d'attendre le voyageur plus de quinze minutes, il est considéré comme ayant été pris à l'heure.

Les droits de péage, pour passage de pont, sont, le cas échéant, à la charge des voyageurs.

TARIF des VOITURES AUTOMOBILES

Courses à l'intérieur de la Ville. — Le jour est compris entre 6 heures du matin et 8 heures du soir
La nuit est comprise entre 8 heures du soir et 6 heures du matin

	Jour	Nuit	
Courses à l'heure	10 fr.	12 fr.	Le prix de la première heure est dû intégralement alors même que le chauffeur n'a pas été employé pendant l'heure entière. Les heures suivantes se fractionnent et sont payées par demi-heure. La dernière fraction est aussi due intégralement bien que la demi-h^re n'ait pas été entièrement employée.
(*Les courses à l'heure s'étendent jusqu'aux limites du périmètre de l'Octroi.*)			
Courses de gare ou de ville	2 »	2 50	
Même course, aller et retour, 1 2 h. d'arrêt	4 »	5 »	

COURSES DANS VICHY & BANLIEUE

P^r une voiture se rendant aux courses, sans arrêt	6 fr.	Golf de Vichy, demi heure d'arrêt		7 fr.
Stand de Vichy (aller)	4 »	Aérodrome, sans arrêt		3 »
Concours Hippique	2 »	Tir aux Pigeons, sans arrêt		4 »
Golf de Vichy, sans arrêt	5 »	— demi-heure d'arrêt		6 »

Observations. — Ce tarif est compris pour 3 voyageurs. Pour la surcharge, traiter de gré à gré avec le chauffeur.

COURSES & PROMENADES HORS DE VICHY (Aller et Retour, repos compris)

Désignation des Courses et Promenades	Heures de Repos	Prix	Désignation des Courses et Promenades	Heures de Repos	Prix
Charmeil	1/2	10	Bourbon-Busset, ret. par l'Ardoisière	1	30
— retour par Cusset	1/2	15	Bois-du-Roi, retour par Randan et		
Les Malavaux	1/2	10	Bois-Randenez		28
— retour par Le Vaux	1	26	Bois-du-Roi, retour par Maulmont	1	32
Promenade de l'Empereur par les Malavaux et l'Ardoisière	1	30	Effiat	1	28
			— retour par Randan	1	35
Casino des Justices, retour par les gorges de l'Ardoisière	1	27	— retour par Maulmont	1	40
			Puy-Grenier	1 2	15
Montagne-Verte	1/2	10	— ret^t côte du Bois-de-l'Eau	1	20
— retour par Charmeil	1	16	— retour par Charmeil	1	22
— retour par Cusset	1/2	12	Maulmont	1	20
Château de Lauzet par Laudemarière et Charmeil	1	20	— retour par le Pont de Ris	1	28
			Châteldon	1	30
Château de Lauzet par Creuzier-le-Neuf et Cusset	1	22	— retour par le Pont de Ris	1	34
			Ris	1	25
Source du Dôme	1/2	6	Puy-Guillaume	1	30
L'Ardoisière	1	20	— retour par Châteldon	1	35
La Tour (Source Gannat)	1/2	8	Source Intermittente	1 4	5
Hauterive	1/2	10	Cimetière de Vichy	1/2	5
Côte Saint-Amand	1/2	10	Brugheas, retour route d'Effiat	1	20
Côte Saint-Amand, retour par le Vernet et Cusset	1/2	16	Route de Chez-Guiton, par le Bois de Celzat et le poteau de Lapalisse	1	25
St-Rémy-en-Rollat	1/2	15	Gannat	1	30
— retour par Vendat	1	20	Varennes	1	40
Cusset	1/2	6	Ruines du Château de Billy	1	25
— retour par Abrest	1/2	12	Ruines du Château de Billy, retour par le Maupas et Saint-Rémy	1	30
Abrest	1/2	7			
Saint-Germain-des-Fossés	1/2	20	Château du Chaussin	1 2	18
Source Boussange	1/2	5	Château du Chaussin, retour par le Vernet	1	22
Saint-Yorre	1	15			
— Château Robert	1	16	Vendat	1 2	18
Ma Campagne (route Charmeil)	1/2	7	— retour par Saint-Rémy	1	20
Restaurant de Pinasson	1/2	6	Saint-Pourçain	1	45
Saint-Yorre, retour par le Château de la Poivrière et Hauterive	1	20	Mayet-de-Montagne	1	38
			— retour p^r Ferrières	1	45
Randan	1	20	Ferrières	1	38
— retour par Pragoulin	1	25	Châtel-Montagne	1	38
— retour par Maulmont	1	28	Château de Lapalisse	1	40
Molles, par La Bruyère	1	25	Thiers	2	60
Cognat-Bois-de-l'Eau	1/2	15	Les viaducs de Montluçon, ponts de Neuvial et de Rouzat	1	45
Cognat-Bois-de-l'Eau, retour par la route d'Effiat	1	20	Mines de Laprugne	2	60
			Rocher Saint-Vincent	2	50
Hauterive, retour par les Taureaux et Bois Randenez	1	20	Ruines de Mont-Gilbert	1	38
			Grotte Saint-Martin	1	45
Bourbon-Busset	1	25	Mariol	1	24
— retour par le Vernet	1	28			

Médecins Consultants

MM.

ALQUIER ✻, 10, rue Callou.
AUDHOUI, 54, rue de l'Etablissement.
BARGY, chalet des Fleurs, rue de l'Intendance.
BEAUDONNET ❦, 19, rue de Ballore.
BERNARD, 20, place Rosalie.
BERTHOMIER, boulevard National *(hydrothérapie)*.
BERTHOMIER André, 33, boul. National *(Electro, Radio-Thérapie)*.
BERTHOMIER Emile, 47, boulevard National.
BIENFAIT O. I. ❦, 22, rue de l'Etablissement.
BIGNON, 1, boulevard National.
BINET, 15, boulevard National.
BLANCHER ❦, 31, boul. de Russie *(Yeux, Oreilles, Nez, Gorge)*.
BOUET (Mlle), 6, rue Prunelle.
BOUSSION, 10, avenue de la Gare.
BRIGHT, 128, boulevard National.
BRUNET, 126, boulevard National *(Bouche et Dents)*.
CAHEN, 24bis place Rosalie.
CARA GEORGIADÈS O. I. ❦, 17, rue de l'Etablissement.
CHABROL, 27, boulevard National.
CHAIX, villa Alexandra, 24, rue de l'Etablissement.
CHAMPAGNAT, 6, rue du Chalet.
CHARNAUX, 4, rue Lucas.
CHEVREUX, 21, rue Rambert.
CHOPARD, 172, rue de Nîmes.
CLERC, 10, rue des Célestins.
CLERMONT, pavillon Joly, rue de la Compagnie.
COMBET, 8, rue Hubert-Colombier.
CORNIL A, villa Jeanne-Maria, rue Masset.
CORNILLON Jean, villa Coquatrix, 17, rue de la Chaume.
CORNILLON Augustin, 19, boulevard Carnot.
CORSET, 6, rue Desbrest.
COTAR, villa Pauline, 34, rue de l'Etablissement.

MÉDECINS CONSULTANTS (Suite)

MM.

DELÉAGE ✠, 25, boulevard National.
DESGEORGES, 25, boulevard de Russie.
DUFOURT, villa Perier, 7, rue Alquié.
DURAND-FARDEL Raymond ✶, 21, rue du Parc.
DURANTON, 11, rue de Paris.
FAU ✠, 31, rue Alquié.
FAUCHER, villa des Perles, 32, avenue des Célestins.
FAURE Marc, rue Strauss *(Yeux, Oreilles, Nez, Gorge)*.
FOURNIER, 29, rue Alquié.
FRÉMONT ✶, 3, rue Prunelle.
GANNAT, 144, rue de Nîmes.
GANDELIN, 12, rue Rambert.
GARBAN, 9, square des Nations.
GLÉNARD Frantz ✶, 3, rue Strauss.
GLÉNARD Roger, 3, boulevard National.
GRELLETY L., 4, rue Prunelle.
GRELLETY René, 4, rue Prunelle.
GUINARD, 23, boulevard National.
HOPPENHENDLER, 39, boulevard National.
HADGÈS, 41, boulevard National.
JARDET, 19, boulevard National.
LALAUBIE H. (de) ✶, 9, boulevard National.
LALAUBIE Guy (de), 9, boulevard National.
LAMBERT ✶, 49, rue de la Chaume.
LAMOUCHE, 96, boulevard National.
LEGOU, villa Joly, rue des Thermes.
LINOSSIER, 9, rue Alquié.
MAIRE O. I. ✠, 8, rue du Golf *(Chirurgie)*.
MARGNAT, castel Francœur, rue Hubert-Colombier.
MARTIN, 4, rue Hubert-Colombier.
MASSERET, 23, avenue de Russie.
MAUBAN, 11, boulevard National.

MÉDECINS CONSULTANTS *(Suite)*

MM.

MONOD, 6, rue Hubert-Colombier.
NICOLAS L., rue Hubert-Colombier.
NIGAY 🏅, passage de la Poste.
NIVIÈRE, 17, boulevard National.
PARTURIER, villa des Turquoises, avenue des Cygnes.
PELLOTIER, castel Pierre, boulevard Carnot *(Maladies nerveuses)*.
PUISTIENNE, villa Collette, rue Hubert-Colombier.
RAJAT, 26, rue de l'Etablissement *(Maladies de la Peau)*.
RAMBERT, 7, place du Château-d'Eau.
RAYMOND, 57, avenue Victoria.
REYNES 🏅, 106 bis, boulevard National.
ROUX, 14, rue Roovère.
SALIGNAT, 26, avenue Victoria.
SANTELLI 🏅, 163, rue de Nîmes.
SEMEN, 2, boulevard National.
SERÉGÉ, 37, boulevard National
SIEMS, 161, rue de Nîmes *(Oreilles, Nez, Larynx, Yeux)*.
SOLLAUD ✺, 5, rue Callou.
SUREL (de), villa des Freesias, rue Roovère.
TESTÉ, 19, rue de Paris.
THERRE ✺, 23, rue du Pont.
TISSIER O. I. 🏅, 17, avenue des Cygnes.
TREILLE ✺, 14, quai d'Allier.
VALLERIX, 17, boulevard Carnot *(Yeux, Nez, Oreilles, Gorge)*.
VAUTHEY, 27, avenue de Russie.
VEILLARD O. I. 🏅, 9, place d'Allier.
VIDAL, 7, rue Strauss.
WILLEMIN, 5, boulevard National.

TABLE DES MATIÈRES

PREMIÈRE PARTIE

	Pages		Pages
Banques	1 et 2	Laboratoire Médical	10
Bazars	3	Librairies	11
Bijouterie	4	Limonade	16, 18 et 24
Bonneterie	4	Locations (*Agences de*)	11 et 12
Chemiserie	3	Monte-Carlo	88
Chaussures	5	Nouveautés	*Couverture* ; 17
Coiffeur pour Dames	5	Opticien	12
Confiseurs	*Couverture* ; 6 et 7	Orfèvrerie	12
Constipation	7	Pâtissiers	13
Coutellerie	8	Pharmaciens	13 et 14
Dentiste	8	Route des Alpes (*La*)	87
Epicerie	25	Stand	14
Garages	9 et 10	Taillerie de Royat	16
Les Grands Hôtels. *Couv.*19-20-21-22 et 23		Tailleurs	17
Compagnie Fermière " VICHY-ÉTAT "			41-44-77 et 80

DEUXIÈME PARTIE

	Pages		Pages
Aspect général de la Ville	52	Histoire de Vichy	31
Automobiles	82	Hôtels de Vichy (*Liste des*)	26-27 et 28
Banques	56	Installations Thérapeutiques	50
Carte des Environs de Vichy. 78 et	79	Médecins Consultants	83-84 et 85
Cercles	58	Monuments	54
Comité du Syndicat d'Initiative	30	**Plan de Vichy**	42 et 43
Comment l'on vient à Vichy	35	Postes, Télégraphes, Téléphones	57
Consulats	58	Pourquoi l'on vient à Vichy	33
Cultes	56	Promenades dans Vichy	55
Cure de Vichy (*La*)	39	Promenades et Excursions	70
Curiosités des Environs de Vichy	74	Sources Minérales (*Les*)	36
Epoques favorables au Traitement (*Les*)	48	Sports	65
Etablissements Thermaux de l'Etat	49	Théâtres et Attractions	59
Etablissements Thermaux privés	50	Voitures de Places	76 et 81

Chemins de fer Paris-Lyon-Méditerranée

Après une cure à Vichy, un séjour à la Montagne sera, pour le Baigneur, du plus salutaire effet. Ce complément de traitement, il le trouvera dans les Alpes Françaises, si proches de Lyon qu'on peut déjà les contempler des hauteurs de Fourvière, et où il pourra excursionner dans les meilleures conditions de confort grâce au **Grand Service d'Auto-Cars P.-L.-M. de la ROUTE des ALPES et du JURA** *(1er Juillet-15 Septembre), qui comporte les parcours suivants :*

NICE - BRIANÇON (1)

AUTO-CARS : Vallée du Var — Pont de Gueydan — Gorges de Daluis — Guillaumes — Col de la Cayolle (2.352m) — Barcelonnette — Col de Vars (2.115m) — Guillestre (*) — Vallée du Queyras — Aiguilles — Casse déserte — Col d'Izoard (2.409m) — Briançon (*).

BRIANÇON - CHAMONIX *(deux variantes)*

a) **AUTO-CARS :** Le Lautaret (2.075m) — La Grave — Vallée de La Romanche — Bourg-d'Oisans — Vizille (*) — Uriage (*) — Grenoble (*) — Massif de La Chartreuse (*) — Saint-Pierre-de-Chartreuse (*) — Cols de Porte (1.354m), du Cucheron (1.080m), du Frêne (1.164m) — Chambéry — Aix-les-Bains (*) — Pont-de-l'Abîme — Col de Leschaux — Annecy — Thônes (*) — Col des Aravis (1.500m) — Flumet — Mégève — Saint-Gervais — Le Fayet (ligne électrique) (*) — Chamonix.

b) **AUTO-CARS :** Le Lautaret (2.075m) — Col du Galibier (2.658m) — Saint-Jean-de-Maurienne (chemin de fer) (*) — Albertville (auto-cars) — Ugine — Gorges de l'Arly — Flumet et itinéraire A, ou Saint-Jean-de-Maurienne (chemin de fer) — Chambéry et itinéraire A.

CHAMONIX - THONON - ÉVIAN

LIGNE ÉLECTRIQUE : Le Fayet (*) — **Auto-Cars :** Vallée de l'Arve — Cluses (*) — Col des Gets (1.172m) — Vallée de la Dranse.

ÉVIAN - GENÈVE - BESANÇON

CHEMIN de FER ou BATEAU à VAPEUR : Evian ou Thonon — Genève.
AUTO-CARS : Genève — Divonne — Gex (*) — Col de la Faucille (1.323m) — Morez — Champagnole — Défilé d'Entreportes — Andelot (*) — Nans-sous-Sainte-Anne (*) — Sources du Lison — Besançon (*) — Ornans — Sources de la Loue — Pontarlier — Lac de Saint-Point — Morteau — Villers-le-Lac — Saut-du-Doubs — La Chaux-de-Fonds — Maîche — Consolation — Besançon.

Ce merveilleux parcours peut être effectué dans l'un ou l'autre sens. Il peut être fait en entier ou en partie seulement à la convenance du Touriste qui peut, en outre, s'arrêter, en cours de route, dans les Centres d'excursions desservis, et y séjourner.

NOTA. — *En prévision de changements dans le programme d'organisation des services de correspondance par auto-cars P.-L.-M., consulter les affiches spéciales ou se renseigner auprès des gares.*

(1) La route permettant le passage par le Col de la Cayolle doit être achevée au cours de la saison d'été 1914; jusqu'à cette ouverture, le service s'effectuera par les Cols Saint-Michel et d'Allos.
(*) Service d'excursions par Auto-Cars P.-L.-M.

MONTE-CARLO

Ouvert et Ensoleillé toute l'année

Toutes les Manifestations Artistiques et Sportives

SAISON D'ÉTÉ (Bains de Mer)
15 Mai — 15 Octobre

"Golf du Mont-Agel"
LE PLUS BEAU DU MONDE

CANNES

Hôtel des Pins	Hôtel Beau-Rivage
Boulev^d Alexandre III	Promenade de la Croisette
Environné de Pins *Jardin de deux hectares* *Service d'Autobus* *avec le Casino* *Lawn-Tennis*	*Sur le Bord de la Mer* *Grand Jardin* *au centre de la Ville* *Près du Casino* *Restaurant*

Frédéric HAINZL, Directeur

À LA MARQUISE DE SÉVIGNÉ

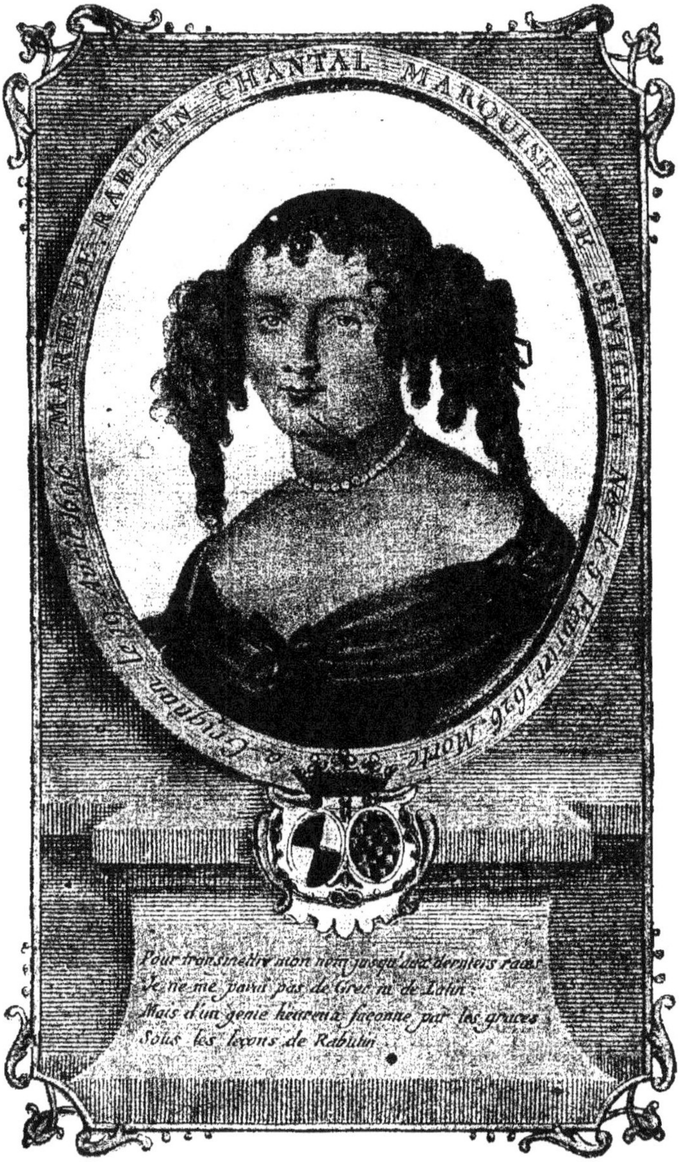

CHOCOLAT DE ROYAT

MAISON DE VENTE A VICHY :

Sur le Parc, Rue Cunin-Gridaine *(Passage Giboin)*

CONFISERIE, FRUITS CONFITS D'AUVERGNE

VISITEZ L'USINE DE ROYAT

IMPRIMERIE DES ALPES
M. FRINZINE
Aix les Bains

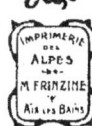

www.ingramcontent.com/pod-product-compliance
Lightning Source LLC
LaVergne TN
LVHW050650090426
835512LV00007B/1133